이것은 ( )인 동시에 생시

이것은 (꿈)인 동시에 생시

(강 우 근)
(여 세 실)
(조 온 윤)
(차 유 오)
(차 현 준)

(차 례)

(차 유 오)

아무도 모르게 사라지는　　　　　　13

잘 자기　　　　　　　　　　　　　17

꿈과 현실　　　　　　　　　　　　21

꿈과 마음　　　　　　　　　　　　23

기억하기　　　　　　　　　　　　27

남겨진 사람들　　　　　　　　　　31

보이지 않는　　　　　　　　　　　33

지나간 꿈들　　　　　　　　　　　35

꿈에게　　　　　　　　　　　　　37

(강 우 근)

고양이 동생이 되는 꿈　　　　　　43

환한 집　　　　　　　　　　　　　47

무용한 꿈　　　　　　　　　　　　53

나츠메 우인장과 시　　　　　　　57

음악과 풍경의 일환이 되는 일　　　61

거인에게 잃어버린 살 돌려주기　　65

(차현준)

cave dream											71

(조온윤)

매몽과 몽매										97

(여세실)

호접몽											119

혼자끼리 하는 산책								123

오리가 어울리는 풍경							127

검은 꽃, 따뜻한 물								133

내연											137

속사귐										139

외현											141

(차유오)

내가 만들어냈지만,
내가 붙잡지 않으면
사라져 버리는 (꿈)들.

아무도 모르게 사라지는

 어릴 때부터 나는 꿈이 없는 사람이라고 생각했다. 커서 되고 싶은 게 없고, 딱히 하고 싶은 게 없었다. 그래서 꿈을 적어야 하거나, 누군가 꿈에 관해 물으면 적당히 좋아하는 것들을 대답했다. 좋아하는 것은 매일 해도 싫지 않은 것이라고 생각했다. 그때의 나에게 꿈은 그다지 중요한 것이 아니었다. 내게 꿈은 무언가를 이루는 것이 아니라, 지금의 내가 좋아하는 것들을 지켜내려는 것 같다.

 아무렇지 않게 웃다가도 아무도 모르게 슬퍼지는 날처럼 꿈은 아무렇지 않게 내게 왔다가 어느 순간에 사라지는 것 같다. 내가 만들어냈지만, 내가 붙잡지 않으면 사라져 버리는 꿈들. 꿈이 무엇이냐고 물으면 그런 건 없다고 대답하는 날들. 그런 게 없어도 잘 살 수 있다고 믿는 마음. 평소처럼 살아가다가 우연히 만나게 되는 사람들처럼. 우연히 만나게 된 꿈이 마음에 든다면 그것을 잃지 않고 이룰 수 있게 되면 좋겠다.

차유오

가끔은 누군가를 위하는 일이 나의 꿈이 될 때가 있다. 얼마 전에는 영화 〈청설〉을 봤다. 영화에서는 "내 꿈이 왜 언니 꿈이야?"라고 말하는 동생의 대사가 있다. 그 대사처럼 누군가를 생각하는 일이 자신의 꿈이 되는 사람들이 있다. 그런 사람들을 생각하면 금방이라도 슬퍼진다. 나보다 누군가를 먼저 생각하는 마음. 그러다 내가 뒤로 밀려나는 순간들. 누군가를 사랑하는 것도 좋지만 나를 사랑하는 일이 우선이 되었으면 좋겠다. 나를 먼저 생각한 다음에 내가 좋아하는 사람들의 꿈을 생각해도 늦지 않으니까. 그럼에도 그 사람이 잘 됐으면 좋겠다는 마음. 그런 마음은 꿈보다 꿈처럼 느껴진다. 그 사람의 꿈을 나는 바라만 볼 수밖에 없으니까.

지금 나의 꿈은 무엇일까. 내가 모르는 나의 꿈들은 나도 모르는 사이에 어딘가에서 움직이고 있겠지. 아무도 모르게 태어났다가 아무도 모르게 사라지는 꿈들. 가지고 싶었지만 결코 내 것이 아니었던 꿈들. 내가 이루고 싶었던 꿈들. 기억하고 싶지만 도무지 기억나지 않는 꿈들. 그런 꿈들을 꺼내다 한 곳에 모아두고 싶다. 어디선가 주고받은 편지들처럼. 그러나 서서히 사라지는 꿈들. 아무도 모르게 사라지는 꿈들은 더 이상 내 것이 아니겠지. 아무도 모르게 사라지지만 나는 여전히 그 꿈을 기억하고 있겠지. 그것을 영영 잊게 되는 순간에는 꿈을 멀리 보내줄 수 있을 것 같다.

잘 자기

 잠든 사람의 얼굴은 잠시 죽은 사람의 얼굴 같다. 죽으면 영원히 저런 표정으로 잠들어 있겠지. 더는 눈을 뜬 모습을 볼 수 없겠지. 그런 생각을 하면서 잠든 사람의 얼굴을 오랫동안 바라보게 될 때가 있다. 다시는 볼 수 없는 순간을 떠올리며.

 잠든 강아지의 얼굴을 바라보고 있으면 강아지도 꿈을 꾸는 순간이 있는 것 같다. 눈을 감은 채 짖기도 하고, 무언가를 향해 발을 움직이기도 하고, 스스로 놀라 잠에서 깨는 순간들이 있다. 그 모습을 보고 있으면 강아지와 사람은 똑 닮아 있는 것 같다.

 강아지와 나는 서로의 꿈에 나올 수는 있지만 서로의 꿈을 볼 수는 없다. 그렇게 생각하면 꿈은 참 이상하다. 내가 만들고 내가 바라보는 장면들이지만 내가 원하는 장면을 만들 수는 없다는 것이. 다양한 꿈을 꾸면서 내가 좋아하는 사람들을 만나기도 하고, 현실에서 걱정하던 두려운 장면 속에 갇히기도 하고, 꿈이지만 현실보다 생생한 순간들을 만나기도 한다. 어떤 날에는 보고 싶은 사람이 꿈에 나왔으면 좋겠다고 생각하지만 보고 싶은 사람은 꿈에 나오지 않는다. 그런 것들을 생각하면 마음대로 되는 것은 하나도 없는 것 같다.

　잠자는 동안에도 무언가를 보고 듣는 것은 기쁜 일일까. 슬픈 일일까. 그런 생각을 하다가 꿈속에서도 무언가를 보고 듣는 것은 힘든 일이라고 생각했다. 하루하루를 살아가며 우리는 보고 싶지 않은 것들을 보고, 듣고 싶지 않은 이야기를 들어야 하는데 잠자는 동안에도 그래야 한다는 건 너무나도 힘든 일 같다. 그럼에도 잠시나마 내가 보고 싶은 존재를 만나고, 듣고 싶은 이야기를 듣게 되는 것은 기쁜 일이라고 말할 수 있을 것이다.

　사실 꿈을 자주 꾸거나 꿈을 선명하게 기억하는 것은 그 사람의 수면의 질이 떨어진 상태이다. 그렇다면 꿈을 꾸는 사람들에게는 각자의 힘든 일이 있는 것이 아닐까. 꿈을 꾸는 동안 현실의 일이나 지금의 감정들을 외면할 수 있는 것이 아닐까. 그렇다면 꿈을 꾸는 일이 꼭 나쁜 일만은 아닐 텐데.

그렇지만 나는 사람들이 꿈을 꾸지 않았으면 좋겠다. 꿈을 꾸지 않고도 만나고 싶은 사람들을 만날 수 있고 듣고 싶은 이야기를 들을 수 있으니까. 꿈을 멀리 보내고 온전히 잠에 들 수 있으면 좋겠다.

꿈과 현실

 어떤 날에는 꿈이 현실이 되기도 한다.

 대학교에 다닐 때 내게는 힘든 일이 있었다. 그날은 친구와 술을 마시러 갔다. 그리고 필름이 끊긴 채로 집으로 돌아온 그날 나는 꿈을 꾸었다. 신춘문예에 당선되는 꿈이었다. 하지만 꿈에서 깨어나서 그것이 꿈이라는 사실을 알게 되었다. 공허하고 아쉬운 마음이 들었다. 대학교에 입학하고 매년 투고를 해왔지만, 정말 시인이 되고 싶었는지는 모르겠다. 계속해서 시를 쓰고 싶었던 건지, 시인이 되어 시를 쓰고 싶었던 건지 여전히 나는 모르겠다. 그저 시를 좋아하는 친구들과 매주 시를 쓰고 이야기를 나누며 시는 내게 가까운 무언가가 되어버린 것 같다. 나는 시를 사랑하지 않지만, 싫어하지도 않는다. 그 마음을 좋아하는 것이라고 말할 수 있을까. 싫어하지만 않으면 나는 그 일을 계속해서 할 수 있다고 믿는다. 그렇기 때문에 여전히 시를 쓰고 있는 것 같다.

차유오

다음 날 잠에서 깨어나니 핸드폰은 보이지 않고, 숙취로 인해 너무 어지러운 아침이었다. 핸드폰은 침대 밑에 놓여 있었다. 배터리가 꺼진 핸드폰을 충전하고 나니 기자님께 메시지가 와 있었다. 신문사니 연락을 달라는 내용이었다. 그 번호로 전화를 거니 신춘문예에 당선되었다는 말이 들려왔다. 그러나 나는 어떤 일이 있어도 크게 기뻐하거나 크게 슬퍼하지 않는다. 그 일이 내 일이 아니라, 다른 사람의 일인 것처럼 무던하게 받아들이려고 한다. 그렇게 하면 힘든 일이 있어도 그렇게 힘들게 느껴지지 않는 것 같다. (전화를 걸었을 때, 심사위원분들과 기자님들이 모여 있었는데 크게 기뻐하지 않아서 아쉬운 마음이 들었다는 이야기가 있었다…… 물론 너무나도 기뻤지만, 어떻게 될지 모르는 일이라고 생각했다.)

나는 전화를 끊고 거실로 나가 엄마에게 당선 소식을 전했다. 엄마와 나는 아주 기뻐했다. 그날 겪었던 일처럼 어떤 날에는 꿈이 현실이 되기도 한다. 그런 날이 계속된다면 나는 더 많은 꿈을 꾸고 싶다. 꿈이 현실이 되는 순간을 더 많이 마주하고 싶다. 그것이 내가 정말 이루고 싶었던 일인지에 대해서는 알 수 없더라도.

꿈과 마음

  작년에는 첫 시집을 준비했다. 첫 시집『순수한 기쁨』에는 '마음'이라는 단어가 자주 등장한다. 김현 시인님의 발문을 통해 내가 마음에 대해 자주 쓰고, 자주 생각한다는 것을 알게 되었다. 마음은 '사람의 생각, 감정, 기억 따위가 생기거나 자리 잡는 공간이나 위치'라는 뜻을 가지고 있다. 내가 했던 생각이나, 내가 느꼈던 감정, 나에게 있었던 일들이 어디론가 사라지는 것이 아니라 내 어딘가에 자리 잡고 있다고 생각하면 어쩐지 위로가 된다.

  어떤 날에는 몸보다 마음이 크게 느껴지기도 하고, 어떤 날에는 마음 같은 건 부질 없게 느껴지기도 한다. 나는 시인의 말에 '사람과 사람 사이에 남는 게 마음이라면 몸 같은 건 사라져도 좋을 텐데'라고 적었다. 이상하게 마음에 대해 생각할수록 자꾸만 몸에 대해 생각하게 되었다.

  내가 가지고 있지만 나도 잘 모르는 것. 기억하지 않으면 쉽게 사라져 버리는 것. 꺼내어 보고 싶지만 도무지 볼 수 없는 것. 매일 바뀌어 버리는 것. 누구에게나 있는 것. 가질 수 없는 것. 말하지 않으면 알 수 없는 것. 그런 생각을 하다가 꿈과 마음은 비슷한 것 같다고 생각하게 되었다. 예전부터 나는 보이지 않는 것을 보고 싶었다. 보이지 않는 것들은 보이지 않기 때문에 아름답고, 보이지 않기 때문에 쉽게 사라지게 된다. 그렇기 때문에 아름답고 쉽게 사라지는 것에 대해 말하고 싶었던 것 같다. 보이지 않으면 쉽게 지나치게 되고 잊어버리게 된다. 그리고 잊어버리는 것은 잃어버리는 것과도 다르지 않다. 눈에 잘 보이지 않는 것들, 희미한 것들이 우리의 삶을 아름답게 만들어주는 것 같다고 생각한다.

그렇지만 힘든 날에는 꿈도 마음도 아름답게 느껴지지 않는다. 그저 희미하고 모호하게 느껴진다. 선명하고 확실한 것들이 내게도 있으면 좋겠다고 생각하면서. 꿈과 마음은 아름답지만 나를 어떻게 할 수는 없는 것이라고 생각하면서. 꿈과 마음에게서 멀어지려고 한다. 힘들 때는 그저 눈앞에 보이는 현실에 집중하게 된다. 해야 하는 일들을 하고, 하고 싶지 않은 일들을 견디면서 살아간다. 그렇게 살아가다 보면 느리게 흘러가던 시간이 빠르게 지나간다. 지나간다는 말을 다시는 돌아갈 수 없다는 말로 이해하면서. 아름다운 것이 무슨 소용이 있겠어, 라고 말하지만 나는 또다시 아름다운 것들을 찾아가게 된다.

기억하기

 어린 시절의 일들이 잘 기억나지 않지만, 그때 꾼 꿈 중에 여전히 기억나는 꿈이 있다. 같은 학원에 다니던 두 친구가 수업 시간에 생쥐로 변하는 꿈이었다. 그리고 그날 두 친구만 학원에 오지 않았다. 나는 그 친구들과 친하지 않았지만, 꿈에서 생쥐로 변한 두 친구가 학원에 오지 않는 게 신기했다. 매번 꿈에는 늘 내가 모르는 사람들, 나와 멀다고 생각했던 사람들이 나온다. 꿈에서 나는 모르는 사람과 아주 오래된 사이처럼 지내기도 하고, 많은 이야기를 나누기도 한다. 그렇게 꿈에서 깨어나면 모르는 사람이 보고 싶기도 하고, 모르는 사람을 그리워하게 된다.

 기억은 '이전의 인상이나 경험을 의식 속에 간직하거나 도로 생각해 냄'이라는 뜻을 가지고 있다. 그 말은 이전의 인상이나 경험을 간직하거나, 도로 생각해 내지 않으면 사라진다는 뜻으로 느껴진다. 기억하고 싶은 일들을 그대로 간직할 수 있으면 좋을 텐데. 그러면 그 기억을 언제든

꺼내볼 수 있을 텐데. 그러나 도로 생각해 내지 않으면
사라지는 게 기억이라면 기억은 참 연약한 것 같다.
그렇기 때문에 사람들은 무언가를 기록하고, 간직하려고
하는 것이 아닐까. 과거에는 되게 소중했던 것들이
언젠가부터는 아무것도 아닌 것처럼 느껴지기도 한다.
그때는 좋았지만, 지금은 아무것도 아닌 것들. 그때의 내가
좋아했던 것들.

　가끔은 같은 유치원에 다녔던 친구들이나, 초등학교에
함께 다녔던 친구들에게 연락이 올 때가 있다. 나는 이름이
특이하기 때문에 이름을 검색하면 바로 찾을 수 있어서
많은 친구들에게 연락이 오는 듯하다. 친구들은 반갑다고
인사하지만 지금은 기억나지 않는 친구들일 때가 있다.
아예 모르는 사람처럼.

　친한 친구들은 나에게 친구가 많다는 말을 많이 한다.
그럴 때마다 나는 더 이상의 친구는 필요하지 않다고
대답한다. 그러나 해가 지날수록 새로운 친구들이 생겨난다.
삶은 늘 이런 식으로 내가 원하지 않는 방향으로 흘러간다.
나는 그렇게 생겨난 친구들이 싫지 않고, 원하지 않는
방향으로 흘러가는 삶이 썩 나쁘지 않다. 어린 시절부터

지금까지 만나는 친구들도 있고, 시를 쓰기 시작하면서
만나게 된 친구들도 있고, 일을 하면서 만나게 된 친구들도
있다. 그 모든 사람이 친구라는 이름으로 묶이게 된다는
것이 좋다. 함께 있으면 즐거운 사람과는 언제든 친구가
될 수 있는 것 같다. 그러다 더는 즐겁지 않을 때, 더는
만나고 싶지 않을 때는 그저 그런 사이로 남게 되기도 한다.
그럴 때는 서로에게 더 맞는 친구들을 만날 수 있지 않을까.

  나는 지나간 일에 대해 생각하지 않으려고 한다. 지나간
일이기 때문에 그 일을 되돌릴 수 없고, 어떻게 할 수 없는
일에 대해 생각할 때마다 사람은 너무 힘들어지는 것 같다.
그러나 지나간 일이 그만큼 소중하기 때문에 자꾸 생각하게
되는 것이겠지. 다가오는 미래는 도무지 알 수 없고, 지나간
과거는 돌아갈 수 없기 때문에 지나가고 있는 현재에 집중할
수 없는 것이겠지. 지나간 일에는 지나간 사람들도 포함될
것이다. 그때는 너무 좋았지만 이제는 좋지 않은 사람들.
하지만 누군가에게는 여전히 좋은 사람일 사람들. 그때는
좋았지만 억지로 만난다고 해서 그때만큼 좋을 수는 없을
것이다. 어릴 때는 침대 위에서 뛰어노는 것을 좋아했지만,
시간이 지나서 침대 위에서 뛰었을 때 아무 느낌이 들지 않은
것처럼.

나는 지나간 일들을 기억하지만 그때로 돌아가지 않으려고 노력할 것이다.

남겨진 사람들

 남겨진 사람이 떠나간 사람을 보고 싶어 하는 것은 헛된 기대나 생각일까.

 꿈은 '실현될 가능성이 아주 적거나 전혀 없는 헛된 기대나 생각'이라는 뜻이 있다. 그 뜻을 알고 나면 꿈은 아름답지 않은 것 같다. 내게는 아주 중요한 일인데 누군가는 그것이 헛되었다고 말할 때가 있다. 누군가의 꿈을 헛된 것으로 만들어버리는 것은 이상한 일인 것 같다. 아무리 허황된 꿈일지라도 그것을 이루고 싶은 마음은 결코 허황되지 않으니까.

 상실을 겪고, 홀로 남겨진 사람들은 떠나간 사람들을 보고 싶어 한다. 보고 싶다는 말을 곱씹어 보면 다시는 볼 수 없다는 말처럼 느껴지기도 한다. 남겨진 사람과 떠나간 사람은 만날 수 없다. 그런 생각을 하면 살아간다는 건 무언가를 견뎌내는 일 같다. 사랑하는 사람과 헤어지고,

사랑하는 사람이 세상을 떠나가 버리고, 사랑하는
사람과 헤어지게 되면 남겨진 사람은 어떤 마음을 가지고
살아가야 할까. 그저 남겨진 채로 그 사람과 있었던 일들을
기억하거나, 그 사람을 다시 만날 수 있다고 생각하거나,
그 사람의 상실을 인정하고 아무렇지 않은 척 살아가게 되지
않을까.

   그러나 나는 세상을 떠난 사람들이 어디론가 사라지는
것이 아니라, 어딘가에서 살아가고 있을 것 같다. 지금은
볼 수 없더라도 언젠가는 만날 수 있을 것 같다. 어딘가에서
그 사람도 나를 기다리며 남겨진 사람의 마음으로 살아가고
있을 것 같다. 그렇게 생각하면 나는 더 이상 남겨진 사람이
아니라, 그 사람에게서 잠시 떠나간 사람 같다. 서로가
서로에게서 떠나가고 남겨지게 된 것 같다. 그렇게 생각하면
떠나간 사람을 보고 싶어 하는 마음은 헛된 기대나 생각이
아닌 것 같다.

보이지 않는

 대부분의 사람은 꿈을 가져 본 적이 있을 것이다. 그 꿈은 누군가에 의한 꿈일 수도 있고, 자기 자신을 위한 꿈일 수도 있다. 그렇지만 말하지 않으면 그 사람이 어떤 꿈을 가졌는지 알 수 없다. 어딘가에 앉아서 각기 다른 사람들을 보고 있으면 그 사람들의 꿈이 궁금할 때가 있다. 처음 보는 사람들의 꿈에 대해 생각하면 꿈은 되게 멀게 느껴진다. 꿈은 늘 멀리 있는 것 같고, 볼 수 없는 것 같고, 이룰 수 있는 것보다는 이룰 수 없는 것에 가까운 것 같다. 그렇기에 꿈을 가지게 되면 꿈을 이루기 위해 온 힘을 다하게 되는 것이 아닐까. 나는 온 힘을 다하거나 모든 것을 쏟아내면서까지 꿈을 이루고 싶지는 않다. 온 힘을 다하고 나면 다른 일들을 할 수 없을 것 같고, 모든 것을 쏟아내고 나면 그 이후의 내가 너무 힘들어질 것 같다. 그렇게 하지 않으면 꿈을 이룰 수 없다고 하더라도 나는 그렇게 하고 싶다.

 어떤 일이든 하고 있다면 꿈이 아니어도 좋은 일들은

있다. 꿈이 없어서 걱정하고 있는 사람들이 있다면 억지로 꿈을 만들기보다는 하루하루를 열심히 살아가거나, 가끔은 아무 생각 없이 살아보라고 말해주고 싶다. 생각한다고 해서 생각대로 좋은 일들이 벌어지는 것도 아니고, 걱정한다고 해서 걱정하는 일들이 벌어지는 것도 아니니까.
좋은 일이 있으면 기뻐하고, 걱정할 일이 생기면 그때 걱정하면 되지 않을까. 마찬가지로 꿈이 있다고 해서 그 꿈이 바로 이루어지는 것은 아니니까 꿈이 없는 날에는 꿈에 대해 생각하는 시간을 가져 봐도 될 것 같다. 꿈이 있는지 없는지 알 수 없는 날들이 계속되겠지만, 그런 날들 속에서 꿈은 나도 모르는 사이에 자라나고 있을 것 같다. 보이지 않는 꿈. 보이지 않아서 보고 싶은 꿈. 보이지 않지만 가끔은 눈에 보이는 것 같은 순간처럼. 언젠가는 꿈을 볼 수 있을 것만 같다.

지나간 꿈들

 예전에는 꿈을 꾸고 나면 해몽을 찾아봤다. 우연히 꾼 꿈이 의미를 갖는다는 것이 좋았다. 해몽처럼 좋은 일들이 일어난 날도 있지만, 그렇지 않은 날들이 더 많다. 해몽은 꿈에 나타난 일을 풀어서 좋고 나쁨을 판단하는 것이라고 한다. 해몽을 통해 구분 짓는 좋고 나쁨의 기준은 참 애매한 것 같다. 결국 그 사람의 마음에 달린 것일 텐데 그걸 어떻게 판단할 수가 있을까. 꿈을 어떻게 받아들이는지에 따라서 꿈은 좋거나 나쁘게 해석되는 것이 아닐까. 그렇다면 해몽을 찾아보지 않아도 괜찮을 것 같다는 생각이 든다.

 해몽과 비슷한 의미로 태몽도 신기하다. 아이를 밸 것이라고 알려 주는 꿈이 있다니. 그리고 그 꿈을 꾸는 사람이 당사자가 아니라, 그 사람의 주변에 있는 사람이라는 것. 대신 꿈을 꾸는 것은 참 아름다운 일인 것 같다. 그런 꿈은 시간이 지나도 잊히지 않을 것 같다.

차유오

어떤 꿈은 계속해서 꾸고 싶지만 깨어나고 만다. 실제로
없었던 일이라고 할지라도 아쉬워지는 꿈. 어떤 꿈은
괴로워서 깨어나고 싶지만 계속해서 꾸게 되기도 한다.
깨어나서도 기분이 이상한 꿈. 어떤 꿈은 오랫동안 기억에
남아서 실제로 그 일이 있었던 것처럼 느껴지기도 한다. 내가
꾸었지만 내 것이 될 수 없는 꿈. 그런 꿈들이 모이게 되면
어떤 일들이 벌어지게 될까. 어쩌면 아무 일도 벌어지지
않겠지만, 꿈을 꾼 사람은 조금씩 바뀌게 되지 않을까.
꿈속의 나와 현실의 나는 비슷하면서도 다른 면이 있으니까.

 가끔은 꿈을 기록하는 사람들처럼 내가 꾼 꿈들을
기록하고 오랫동안 기억하고 싶지만, 꿈에서 깨어나면
나는 늘 꿈을 기록해야겠다는 생각을 잊어버리게 된다.
한참이 지나고 나서야 꿈을 기록하고 싶다고 생각할 뿐이다.
잊어버리거나 잃어버리게 되는 꿈들. 현실에서도 나는
무언가를 쉽게 잊어버리거나, 잃어버리니까 기록하지 못한
꿈이 그렇게 아쉽게 느껴지지는 않는다. 나도 꿈을 기록하는
순간이 있을 테니까. 그렇게 생각하면 지나간 꿈들을
언젠가는 다시 만날 수 있을 것 같다.

꿈에게

 세상에는 참 많은 꿈이 있는 것 같아.

 어떤 사람은 꿈을 이루기 위해 노력하고 있고, 어떤 사람은 꿈을 이룬 채 살아가고 있고, 어떤 사람은 꿈을 포기한 채 새로운 일을 시작하고 있어. 어째서 사람들은 꿈을 가지고, 꿈을 이루고, 때로는 꿈을 포기하는 걸까.

 가끔 나는 왜 이런 모습으로 태어나서 이런 일들을 하고, 이런 일상을 살아가고 있는지 궁금할 때가 있어. 죽으면 모든 게 사라져버릴 텐데. 나는 왜 별것도 아닌 걸로 슬퍼하고, 지나간 일들을 후회하고 있을까. 게임 속 캐릭터처럼 퀘스트를 깨고, 레벨업을 하면서 살아가는 것 같아.

 어린 시절의 나는 이렇게 살아가는 것을 꿈꿨을지도 몰라. 세상에는 나와 비슷한 사람은 있어도 나와 완전히 똑같은 사람은 없다는 사실에 놀라기도 하면서. 세상에 많은 꿈들이

있듯이, 많은 사람들이 이렇게 살아가고 있다고 다시 한번
생각하면서.

  그러나 나는 꿈에 대해 생각할수록 꿈이 무엇인지
모르겠어. 꿈은 내가 해야 하는 일일까. 하고 싶은 일일까.
할 수 있는 일일까. 질문을 던져도 쉽게 떠오르지 않아.
어쩌면 간절하게 원했던 일이 이루어졌을 때보다 기대하지
않았던 일이 이루어졌을 때 더 기쁘지 않을까. 그렇게
생각하면 꿈은 정말 아무것도 아닌 것 같아. 아무것도
아닌 것 같다고 생각하다가도 결코 버릴 수 없는 것이
되어버리기도 하겠지? 아무것도 아니지만 무엇이든 될 수
있는 꿈. 지금은 꿈이 없을지라도 내게 꿈이 있다면 그 꿈을
열심히 간직했다가 어느 순간에는 아무렇지 않게 버릴 수
있는 사람이 되고 싶어.

(강우근)

이곳은 누군가가 만든
(꿈)의 세계다.

고양이 동생이 되는 꿈

 두두가 나를 동생으로 안다고 애인이 말한다. 두두는 애인과 함께 사는 삼색 고양이다. 나를 동생으로 안다고? 하고 물어보니 애인은 고양이 수의사이자 행동전문가인 미야옹철 선생님의 유튜브 영상을 보여준다. 그 영상에는 고양이가 당신을 '엄마냥이'라고 생각할 때와 '동생냥이'라고 생각할 때의 특징을 보여준다. '엄마냥이'라고 생각했을 때 고양이는 응석을 부리고, 잠을 잘 때 찰싹 달라붙는다. 체온을 같이 유지하려고 꼭 붙어서 잔다. 그 대목을 보면서 나는 고개를 끄덕인다. 속으로는 '두두가 나를 엄마냥이라고 생각하는데?' 반문해 본다. 그러나 당신을 '동생냥이'라고 생각할 때 고양이 행동을 미야옹철 선생님이 말해주자 나는 눈이 휘둥그레진다. 지나가다가 툭 건드리기, 우다다닥 멀리 도망가다가 다시 나타나기, 때때로 손을 깨물고 숨기. 모두 두두가 나한테 하는 행동이다.
 막상 두두가 나를 동생냥이라고 생각하는 것이 섭섭하지 않다. 오히려 기쁘달까? 고양이의 동생이 되어보는 일은 처음이기 때문이다. 실은 나는 제법 동생 노릇을 잘하기도 한다. 나에게는 세 살 터울이 나는 인간 누나가 한 명 있어서 경력직이다. 나는 어려서부터 누나의 아이스크림 심부름을 종종 해왔다. 누나가 "집에 돌아올 때 메로나"라고 언제나 문자 보낼 수 있는 사람, 그게 나였다. 나는 지금 두두의 츄르 심부름을 맡고 있다. 올 때 츄르 사와, 두두는 은근히 그런 눈치를 내게 주니까. 삼색 고양이 두두는 하얀색, 검은색, 갈색 털을 가졌는데 갈색 털의 분포가 가장 많다. 두두가 잠을 잘 때면 갈대밭이 흔들리는 것 같다. 두두의 호흡과 함께 갈대가 조금씩 바람에 따라서 움직이는 것 같다. 나는 두두를 깨우지 않으려고 한다. 갈대밭이 스스로 움직이는 장면을 오래 지켜보려고 한다. 그러다 보면 나는 이미 갈대밭 안에 들어와 있는 것 같다. 두두는 잠을 불러오는 요정이어서, 나는 두두를 관찰하다가 그만 잠에 빠지고 만다. 두두라는 이름에는 '두두물물'이라는 '세상의 모든 것'이라는 뜻이 있다. 그렇게 두두는 갈대밭 말고도 다른 모습을 가지기도 한다.

두두가 자신의 몸집만 한 계단에 누워 있으면 녹아내리는 카라멜 같다.
나는 카라멜의 동생으로 같이 녹아내리는 중일까.

두두가 창가에 햇볕을 쬐고 있으면 나무 같다.
나는 나무의 동생으로 가만히 따라서 멈춰서 보는 걸까.

두두가 계단을 사푼사푼 밟을 때마다 날아오르다가
살포시 내려앉은 참새 같다.
나는 참새의 동생으로 내게 없는 깃털을 만지작거리는
걸까.

두두는 누군가 물건을 가지고 오면 호기심 어린 과학자
같다.
나는 과학자의 동생으로 낯설게 물건을 요리조리 바라보는
걸까.

두두는 비닐 수집가이다.
나는 비닐 수집가의 동생으로 비닐을 이쪽에서 저쪽으로
옮겨보는 걸까.

두두는 숨바꼭질을 제일 잘하는 아이로 어딘가에 숨어
있다.
나는 숨은 아이의 동생이 되어서 두두를 찾아나서는 걸까.

두두를 따라다니면서 나는 내가 잠시 인간인 것을 잊게
되는 순간이 좋다. 두두와 숨바꼭질을 하면서 살금살금
네 발로 움직이고 있는 나를 발견하곤 한다. 두두와 함께
집 안을 헤집는다. 이리저리, 왔다 갔다, 두두가 부르는
소리에 다가간다. 두두보다 항상 느린 내가 소파 위에 그만
누워 있으면 두두는 내 위로 올라와서 그릉그릉 소리를 내며
잠을 청한다. 동생 고양이 옆에서. 깨어나면 두두와 함께
노트북으로 물고기를 볼 것이다. 창 바깥에 지나가는 차를
바라볼 것이다. 어느 순간 눈이 내리는 풍경을 구경하기도
하겠지. 잠에서 깨면 두두는 어떤 모습일까. 두두가 잠에서
일어나면 나는 언제나 동생이 될 준비가 되어 있다. 두두가
잠을 계속 자도 나는 언제나 두두의 동생이다. 고양이는
사람을 몸집이 큰 고양이로 생각한다고 미야옹철 선생님이
말했으니까. 나는 두두보다 몸집이 큰 두두의 고양이 동생인
것이다.

환한 집

"거의 경험한 것에 가까웠어요."

 시를 쓸 때 강성은 시인이 한 말이 종종 떠오른다. 위트앤시니컬 수업 중 누군가 강성은 시인에게 시에 나온 환상을 직접 경험한 것이냐 물었고, 그는 거의 겪은 것과 마찬가지라고 했다. 이때 두 가지의 경험이 있을 것이다. 하나는 거의 경험한 것에 가까운 것을 시를 통해서 쓴 것이고, 다른 하나는 시를 쓰면서 새롭게 경험하게 된 것이다.

<u>거의 경험에 가까웠던</u>

 나는 오래전에 고양이와 함께 사는 꿈을 꾼 적이 있다. 꿈속에서 나는 검은 고양이를 품에 안은 채로 집으로 들어가는 중이었다. 모든 꿈이 그렇듯이 언제부터 품 안에 검은 고양이가 있었는지 알지 못한다. 집으로 들어온 나는

고양이와 어울리는 밥그릇을 골라야 했다. 노랗고 파란 꽃이
작은 불빛처럼 피어난 무늬의 그릇. 사료를 담자 고양이는
하나의 어둠처럼 그릇에 다가갔다. 어둠은 점점 커져갔다.
고양이가 소파에 올라가면 소파의 어둠이, 벽 가까이에 가면
벽의 어둠이 되어 갔다. 고양이 화장실과 장난감을 비롯해서
고양이에게 필요한 것이 무엇일지 메모했다. 가족이 오고
있다는 직감이 들었을 때 그만 잠에서 깨고 말았다. 아침이
되자 검은 고양이는 보이지 않았고, 어디에도 숨어 있지
않았다. 하루가 지났을 뿐인데 거의 10년에 가까운 시간이
흘렀다는 생각이 들었다. 고양이는 없다. 그러나 고양이는
거의 있었던 것과 다름없었다.

 며칠 후 「검은 고양이」라는 시를 쓰게 되었다. 꿈은 가족이
들어오기 전에 끝났지만 시는 처음 검은 고양이를 품에 안고
온 날에 가족의 반응에 대해서 얘기한다. 고양이를 두고
"아빠는 그 까만 것이 검은 실뭉치처럼 작다고", "엄마는
벌써 털이 많이 빠질까봐 걱정된다고", "누나는 두 손을 뻗어
이리와, 이리와" 말한다. 고양이를 심리적으로 받아들이게
되자 잠을 자기 전에 고양이를 데려가기 위해 사소한
다툼을 한다. 아빠는 고양이가 "불룩한 배 위에서 잠드는
걸 좋아한다고" 엄마는 "아침에 깨자마자 불러주는 노래를
좋아한다고" 누나는 "침대에 수놓인 나비 무늬를 좋아한다고"

말하면서.

    시의 마지막은 장바구니에 여전히 고양이 사료를 담는 엄마의 습관과 함께 오랜 시간이 지나 완전한 어둠이 된 검은 고양이가 내 표정에 드리워지는 것으로 끝이 난다. 그 시를 쓰는 동안 나는 고양이와 거의 함께 살았다. 마치 겪은 것처럼. 장면을 천천히 그리기만 하면 되었다.

<u>시를 쓰면서</u>
<u>새롭게 경험하게 된</u>

    나는 늘 가족 모임에서 어색한 사람이었다. 오랜만에 친척들이 모이면 어떤 말을 걸어야할지 몰랐다. 사촌 중 한 명이 내게 먼저 말을 걸면 나는 그를 깍듯하게 대했다. 존댓말 하는 나를 보며 사촌이 웃을 때 우리가 원래 존댓말을 하는 사이가 아니었다는 걸 깨닫게 된다. 비단 가족 관계뿐만 아니라 오랜만에 만난 사람과의 대화에서도 마찬가지다. 우리가 원래 반말을 하던 사이였던가요, 존댓말을 하던 사이였던가요, 상대방은 종종 내게 묻는다. 어쩌면 나는 스스로 어색한 사람이 되기를 자처하는지도 모른다.

    대화를 유연하게 이끌어가는 사람을 보면 빚을 지고

있다는 생각이 든다. 나는 대화를 이끌어가는 사람의 자리에
나를 놓아본다. 평상시는 아닐 것이다. 만일 조카가 생기면
어떨까? 어느 날 누나와 매형이 여행을 가면서 나보고
조카를 하루 맡아 달라고 한다면? 더 이상 어색하게 있으면
안 된다. 불현듯 나는 조카를 마주한 시의 화자가 된다.
이런저런 상상 속의 걱정이 자연스레 「환한 집」이라는 시의
도입부가 되어버린 것이다.

  나는 시를 쓰면서 오히려 조카가 생긴 것을 경험하게 된다.
어린 조카가 내게 스케치북을 꺼내면서 하얀 집에 살래,
라고 말하자 나는 태풍과 폭설로 인해서 금세 검어질 조카의
하얀 집을 걱정하기 시작한다. 조카가 삼촌에게 어떤 집에
살고 싶냐고 묻자 나는 검은 집이라는 말을 삼키고, 환한
집이라고 대답한다. 카페에서 조카가 잠시 화장실을
간 사이에 생크림케이크에는 파리 한 마리가 죽어 있다. 나는
케이크를 서둘러서 치우고, 새로 케이크를 주문하면서
환한 집은 어떤 집일까, 고민한다.

<u>다시 환한 집</u>

  작년 여름 나는 아르코로부터 전화를 받았다. 아르코에서
운영하는 문학 작품의 문장을 배달하는 콘텐츠인

문학집배원에 대한 이야기였다. 김언 시인이 새로운 집배원이 되었는데, 「환한 집」을 첫 시로 배달하고 싶어한다는 내용이었다. 문학집배원이 개편되어서 이전에 해왔던 방식과 달리 직접 작가의 낭독을 담고 싶다고 했다. 그러면서 작업하는 공간인 집에 방문해서 낭독 영상을 촬영해도 되냐고 물어왔을 때 나는 약간 부담감을 가지고 있었다. 그렇지만 개편 이후의 첫 촬영 영상을 망쳐서는 안 된다는 조바심이 들었고 나는 가능하다고 말했다……

촬영 3일 전부터 나는 내가 살고 있는 집을 환한 집으로 만들기 시작했다. 창문을 열고 구석구석 쌓인 먼지를 털어냈다. 마치 조카가 우리 집에 방문하는 것처럼. 나는 덜 어색한 삼촌이 되고 싶었던 것 같다. 약속된 날이 오고 촬영 감독님은 케이크와 풍선을 준비했다. 풍선 안에는 촬영을 위해 쓰일 작은 파리가 들어 있었다. 이미 죽은 파리를 풍선 안에 집어넣은 것인지, 파리를 죽여서 풍선 안에 집어넣은 것인지 알지 못했다. 촬영을 위해서 한 마리의 파리가 죽었다는 생각이 떠나지 않은 채로 낭독을 했다.

그 영상에 담긴 집으로 더 이상 나는 돌아가지 못한다. 올해 초에 새로운 집으로 이사했기 때문이다. 그렇지만 날이 더워지고 여름이 되면 죽은 파리가 떠오른다. 집으로 우연히 들어온 파리를 어떻게 창 바깥으로 돌려보낼 수 있을지에 대한 생각은 「환한 집」으로 이어지기도 한다. 환한 집은 생활 안으로 들어온 파리가 여전히 파리일 수 있게 하는 집이 아닐까. 조카와 파리를 한 공간에 두는 것이 어색하게 느껴질지라도 그 어색함을 쉽게 덮으려고 하지 말아야지. 조금 더 어색하게 시간을 보내고 싶다. 파리를 조심스럽게 창 바깥으로 내보내는 연습을 미래의 조카와 함께 하면서.

무용한 꿈

 한번 손에 무언가를 쥔 감각을 또 다시 쥐고 싶은 마음은 언제 생겨나는 걸까. 그것이 내게는 검이었고, 나는 열 살 무렵 했던 검도를 체력이 바닥이 난 이십 대 후반에 다시 해야겠다고 마음을 먹었다. 회사 사무실에서 잠시 빠져나와 가장 가까운 검도장에 전화했다. 검고 회색의 건물들 사이에서 나는 관장님에게 당일 저녁에 들러보아도 되는지 묻고 지금까지 수련하고 있다. 열 살 무렵 검도가 좋았던 이유는 검을 들고 온몸이 함께 움직이는 느낌 때문이었다. 타이어 등을 치면서 검을 몸 가까이에 분신처럼 두고 있는 것이 좋았다. 검은 무기보다는 내가 들고 있어야 할 마음 같았다. 나는 무게가 조금 들어 있는 마음을 들고 이동하고 있는 것이다. 검도를 하면서 시를 쓰는 것과 많이 닮았다고 생각했다. 둘은 모두 무용하기에.
 영화 〈라스트 사무라이〉에는 메이지 유신 때 신식 무기인 총의 유입으로 점차 사라지는 사무라이에 대한 이야기가 나온다. 서양의 문화를 이어받은 새로운 군대의 총성으로

칼을 뽑아들고 달리는 사무라이는 들판에서 속수무책으로
쓰러지고 만다. 그러니 기와 검과 신체가 조화를 이루는
공격 기술(기검체 일치)은 마음의 영역에 가까워진 것이다.
시 역시도 실용적이지 않다. 시는 당장 돈이 되지 않고,
앞으로도 돈이 된다는 생각으로 쓰지 않을 것이다. 시로
돈을 벌려고 했다면 나는 시인이 되려고 하지 않았을 것이다.
그러면 나는 왜 시를 쓸까. 나는 시를 쓸 때 혼자서만 쓰지
않는 것 같은 기분에 사로잡힌다. 그 물음은 대학교 시론
수업 때 선생님이 했던 질문으로 돌아간다. "시는 누가
쓰지?"

 영화 〈패터슨〉에서 버스 운전사인 패터슨은 버스를
운행하면서 본 풍경과 일상의 대화를 통해 시를 쓴다.
패터슨이 쓴 시 「Love Poem」은 "우리 집엔 성냥이 많다"는
단순한 문장으로 시작된다. 그러나 패터슨은 그 성냥을
구체적으로 관찰하는 것에서부터 점점 사물의 신비를
밝혀나간다. 패터슨처럼 나도 익숙한 풍경이 낯설어지는
순간이 있다. 말차를 마시다가, 양초를 켜다가, 횡단보도를
건너다가, 기차를 타다가 시가 될 것이 떠오르곤 한다.
조용히 순간을 바라보던 패터슨처럼 지하철에서 메모를
하고, 혼자 점심을 먹게 되었을 때 짧은 시를 쓰기도 한다.
혼자 밤에 스탠드를 켜고 책상에 앉아서 시를 쓰려고

할 때면 내가 하루 동안 보고 느낀 사물·풍경 공동체가 내 안으로 들어오려는 것을 느낀다. 그때 나는 시를 쓰는 사람이 아니라, '사물·풍경 공동체가 가까스로 시가 되는 과정'을 돕는 사람이라고 말해야 하는지도 모르겠다.

   지난 2년간 다닌 검도 도장에서 검도를 배우면서 관장님께 들은 말이 떠오른다. "검을 검집에 억지로 넣으려고 하지 마세요", "검이 스스로 검집에 들어오고 나오도록 돕는 사람이라고 생각하세요" 검을 자연스럽게 다루려면 너무 힘을 주지 말아야 한다. 검도를 잘하는 사람은 검이 허공에서 스스로 움직이게끔 돕는 것처럼 보인다. 그는 검을 가졌기에 검도를 할 수 있는 것이 아니라, 검과 함께 움직이는 방식을 익히고 있기에 '검도하기'가 가능해지는 것이다. 검을 대하는 마음이 시를 대하는 마음과 다르지 않다고 생각한다.

   검도에는 적을 쓰러트린 후에도 검을 들고 주변을 살피는 남아 있는 마음, 잔심이 있다. 처음에는 잔심이 쓰러진 줄 알았지만 언제 일어날지 모르는 적의 공격으로부터 대비라고 생각했다. 그러나 시간이 지나면서 "정말 적이 쓰러진 건가" 되물으면서, 걱정하고 뒤돌아보는 마음이 아닐까 싶었다. 시를 쓰는 것도 잔심이 남아서 돌아보게 되는 과정이다.

가끔은 백지를 마주하면서 내가 두고 온 것이 어떤 건지 되묻게 되는 과정에서 시가 써진다. 시는 다시 돌아갈 수 없는 곳을 향해 돌아간다. 과거의 문을 노크하고 누군가 나오기를 기다린다. 구석구석에 꺼내진 이미지와 함께 머물러본다. 나는 언제나 지금을 살아가면서 과거의 풍경을 쓰러트리고 있으니까. 시를 쓰면서 역행하고 지금을 잠시 잊는다. 검을 들고 무용을 하듯이 함께 움직이는 도장 사람들의 대열을 보면서 그런 생각을 한다.

나츠메 우인장과 시

 사람마다 남들에게는 보이지 않는 사물의 이상한 점을 본다. 제빵사는 디저트로 나온 빵을 먹는 데 메인 음식보다 더 신경을 기울일 수 있고, 편의점 알바생은 가판대에서 어떤 종류의 담배를 사는가에 따라서 손님을 파악할 수도 있다. 도배하는 사람은 벽의 울퉁불퉁한 면을 조금 더 예민하게 바라본다. 내가 어떤 사물에 더 관심이 있는가, 라는 질문은 세상을 보는 시선을 바꿔주기에 중요하다. 때로는 나에게만 그 사물의 이상한 점이 보이는 것이 내가 원해서가 아니라는 생각이 든다. 우리의 성정이 다 다르듯이, 우리가 다 의도적이지 않게 지금의 친구를 사귀게 된 것처럼. 주변을 둘러보면 가까워질 수밖에 없었던 사물이 도처에 있다. 시에서 등장하는 사물도 마찬가지다.
 나는 요새 〈나츠메 우인장〉이라는 애니를 보고 있는데 나츠메가 요괴를 대하는 방식이 내가 시를 쓰는 방식과 크게 다르지 않다고 생각한다. 나츠메는 레이코라는 자신의 할머니 기질을 이어 받아 요괴를 보는 능력을 가졌다. 그런

나츠메는 레이코의 '우인장'이라는 요괴 주인이 되는 일종의
장부를 물려받게 되는데. 우인장을 통해 요괴의 이름을
소유했던 레이코와 달리 나츠메는 우인장에 적힌 요괴들의
이름을 요괴에게 돌려주기로 한다. 요괴는 우인장에 적힌
이름을 찾으러 오고, 나츠메가 그들에게 이름을 돌려주는
과정에서 하나의 에피소드가 진행된다.

　발상 단계에서 떠오르는 시의 이미지는 나츠메가
보는 요괴처럼 어렴풋하고 추상적이고, 내가 '무언가를
잘못 보았구나' 하는 생각을 하게 만든다. 나츠메가
누군가에게 자신이 본 요괴를 말할 수 없는 것처럼 내가
본 시의 이미지도 쉽게 발상 단계에서 말해질 수 없다.
오히려 말해지는 순간 요괴가 달아나듯이 시의 이미지도
깨져버리고 만다. 그렇기에 어느 정도는 요괴를 혼자서
직시하는 나츠메처럼 시의 이미지를 대해야 한다. 그러면
요괴는 천천히 내게로 와서 말을 걸기 시작할 것이다. 잠들기
전이나, 양치를 하다가, 길을 걷다가, 신호등을 건너다가,
외투에 묻은 케첩을 닦다가, 옥상에서 건물을 바라보다가
문득. 시는 요괴처럼 자신의 이름을 말한다. 나는 나츠메의
일처럼 이미지가 담긴 시에 이름(제목)을 돌려주는
것(붙이는 것)으로 시가 세계에 스스로 존재하게 만든다.
그렇게 추상적인 이미지는 나라는 통로를 통해 객관화되어서

가까스로 '말해짐'이 가능한 지점까지 도달하게 된다.

그때 요괴라는 시는 나와는 붙어 있지만 결별해야 하고, 어쩌면 이미 결별하고 있는 타자처럼 느껴진다. 시가 나와 동등한 위치에서 스스로 존재하게 될 때 기쁨을 가진다. 시를 통해 누군가가 나라는 창작자를 떠올리는 것이 아니라, 내가 시가 존재하기 위한 통로이고 싶은 마음이 늘 앞선다.

시가 스스로 존재하게 만들고, 결국에는 나와 결별하는 과정에서는 중간지대를 견뎌야 한다. 소멸과 생성, 끊어짐과 이어짐, 멈춤과 움직임, 꺼짐과 켜짐, 낮음과 높음. 중간지대에서 시와 흔들리면서 '시하는 상태'를 지속해 보면서 나의 시간을 떼어주어야 한다. 때때로 어떤 시(요괴)는 가파르고 거칠고, 무모하고, 에너지가 커서 쉽게 잡아둘 수가 없다. 그리고 잡아두려는 순간 그건 사라지고 만다. 천천히 시(요괴)에 공백을 두고, 지켜보고, 시가 좋아하는 장소를 마련하고, 시가 원하는 또는 원치 않는 대화를 시도해 봐야 한다. 이때는 시를 쓰고 완성하려는 목적도 사라지고 만다. 시가 타자가 되면서 시라고 하는 타자와 조금 더 같아지려는 상태 자체에 빠지게 된다. 그렇게 시(요괴)를 만난 나의 시간은 시 안에서 공간화 되고, 활자화되고, 입체화되면서 시의 자립을 돕는다. 나는 이전 시와는 또 다른 형태의 중간 지대에 매번 서게 된다. 매번 흔들림이 시작된다. 흔들림 속에서 나의 상태가 변하는 것이 좋다. 그 중간지대에서 긴장과 이완을 찾는다.

얼룩 옆에 하얀 색을 마련하고, 뛰어다니는 아이들 옆에 고요한 연못을 마련하고, 때로는 침대에 날개를 달아주기도 한다. 그렇게 그려진 시라고 하는 담장이 가까스로 완성되면 나는 또 다른 담장을 칠하고 있을 것이다. 내가 넘을 수도 넘지 않을 수도 없는 담장. 내가 쓴 거라고 내가 쓰지 않은 거라고도 말할 수 없는 시. 시와 나를 나누기보다는 담장에 시를 칠해서 내가 잠깐 담장이 되거나, 나도 담장 옆에 서서 함께 수평을 바라볼 때가 좋다.

음악과 풍경의 일환이 되는 일

나는 크리스마스 다음 날 광주에서 베토벤 음악 감상실에 들렀다. 연말의 분위기와 함께 어수선한 분위기에서 오는 따뜻함이 거리 곳곳에 남아 있었다. 상가마다 내놓은 크리스마스트리의 장식처럼 우리를 환대하는 것들. 베토벤 음악 감상실이라고 적힌 문을 열고 들어가자마자 베토벤 음악 소리가 들려왔다. 말 그대로 베토벤 음악 감상실은 베토벤 음악을 감상하면서 커피와 차 등을 마실 수 있는 곳이었다. 사장님은 어떻게 자신이 좋아하는 노래를 한평생 듣기 위한 감상실을 만들 생각을 하게 되었을까. 게다가 베토벤의 음악은 부드럽고 따뜻하기보다는 극적이고 웅장하다. 베토벤의 음악을 반복해서 듣는 것에는 많은 에너지가 필요하다. 과연 나는 어떤 대상을 그렇게까지 좋아할 수 있을까. 태어나서 자신 앞에 놓인 사물을 한평생 따라가면서, 그 사물과 함께 낡아가는 사람이 된다는 건 어떤 걸까. 아무래도 베토벤의 음악 같은 사물은 낡지 않을 것이다. 오히려 음악가와 감상자로부터 새롭게 전승된다.

우리는 파이프처럼 베토벤의 음악이 새로운 통로로
연결되도록 나르는 역할을 하고 있다.

  베토벤 음악 감상실에 가면 베토벤의 음악이 나를 칭칭
감는다. 나는 꼼짝 없이 베토벤 음악 감상실에서 흘러나오는
음악을 들으면서 차나 커피를 마셔야만 한다. 내가 따뜻한
아메리카노를 주문한 컵에도 악보가 적혀 있다. 나는
그날 비올라, 첼로, 바이올린, 호른처럼 앉아 있었다. 음악
감상실을 감싸고 있는 음악이 마치 나를 연주하고 있는
것 같았다. 베토벤 음악 감상실 안으로 들어온 사람들도
처음에는 감상자로 들어오지만, 점차 그 공간에서 연주되는
것처럼 보인다. 그들의 몸을 꼼짝없이 감싸고 있는 베토벤의
음악을 받아내야 한다. 이곳은 누군가가 만든 꿈의 세계다.
베토벤 음악 감상실 사장님은 베토벤이라는 꿈의 세계를
지키기 위해서 감상실을 만들었고, 우리는 그곳을 메우고
있는 것이다.

  베토벤 음악 감상실에 나와서 나는 광주 극장에 갔다.
광주극장은 1935년에 시작해서 국내에 유일하게 남아
있는 스크린이 하나뿐인 단관 극장이다. 광주 극장에서
커피를 한 잔 더 마셨다. 광주 극장 직원분이 자동화된
기계로 커피를 내리는 것이 아닌, 눈앞에서 커피 원두를
직접 갈아서 만들어주셨다. 나눠준 담요를 가지고 광주 극장

상영관 내부로 들어갔다. 그때 본 아키 카우리스마키 감독의 〈사랑은 낙엽을 타고〉에서는 철제 폐기물 처리장에서 압축기를 다루는 남자인 홀라파와 마트에서 매장 진열 및 창고정리를 하던 여자인 안사가 나왔다. 그 둘은 영화가 진행될수록 해고를 당하고 다른 일을 전전한다. 그렇지만 해고를 당하는 삶이 심각하게 다루어지지 않는다. 그보다는 안사가 싫어하기에 홀라파가 알콜중독을 해결하려고 애쓰는 장면이라든가, 안사가 우연히 거리에 남겨진 강아지와 함께 사는 소소한 장면들이 영화의 색채를 이룬다. 그런 사소하지만 사소하지만은 않은 꿈을 가지고 있는 상가와 사람들이 광주에 있었다. 베토벤 음악 감상실도, 100년이 넘게 단관 극장으로 남아 있기를 기원하는 광주 극장도. 나는 광주 극장이 100주년을 맞이하게 될 2035년에 광주에 가게 될 것이다. 베토벤 음악 감상실에서 베토벤의 음악을 들은 뒤에 광주 극장에서 담요를 덮고는 소리와 풍경의 일환이 되어서 꼼짝 없이 앉아 있을 것이다. 음악과 풍경의 꿈속에 놓여 있기 위해.

거인에게 잃어버린 살 돌려주기

 본가인 강릉 집에 내려가서 책장을 살펴보다가 구석에 세워진 작은 병을 발견했다. 그 작은 병에는 바닷물과 모래와 조개껍질이 들어 있었다. 나는 보자마자 병 안의 것을 제자리에 돌려놓아야겠다고 마음먹었다. 지금은 강릉에 내려가도 바다에 가지 않을 때도 있지만 중학생 때는 혼자서 바다에 가는 일이 많았다. 아마 저 병 안에 바닷물을 담아온 것은 중학교 3학년 때 개교기념일로 학교에 가지 않았던 날일 것이다. 학원에 가기 전까지 시간이 남았고 나는 무작정 바다에 가서 투명한 병에 그것들을 담아왔다. 그때는 너무 많은 것에 의미를 부여했다. 지금도 생각나는 몇 가지 의미가 있는데 그중 하나는 반에서 우유를 네 번째로 마시는 날은 운이 좋지 않다는 것이다. 나는 커가면서 그런 의미들을 하나씩 내게서 버렸다. 우유를 네 번째로 마신다고 해서 불행이 생기는 것도 아니고, 투명한 병에 바다를 가지고 온다고 해서 행운이 생기는 것도 아니다.
 신기한 건 그 작은 병이 나의 눈에 새롭게 띈 것이고,

여전히 책장에 그대로 있었다는 것이다. 마침내 바다에 도착했을 때 나는 관광객의 기분으로 서 있게 되었다. 나는 검은 가방에서 꺼낸 그 작은 병을 파도 가까이에서 쏟아 부었다. 변색된 모래들은 몇 번의 파도에 휩쓸려나가면서 흩어지고 있었다.

  나는 그날 바다가 잘 보이는 카페의 창가에 앉아서 바깥 풍경을 보았다. 왜인지 관광객처럼 보이고 싶어서 창을 손바닥으로 여러 번 문지르기도 했던 것 같다. 바다를 볼수록 어린 내가 그곳에서 사라졌다는 사실이 분명해졌다. 카페에서 바라본 바다는 보이지 않는 거인 같았다. 사람들은 바다라는 거인의 꿈의 조각을 수집해서 육지로 끌고 나오고 있었다.

(차 현 준)

동굴 안에 저질러놓은 (꿈)들과,
동굴 밖에서 계속해서 발생하는
(꿈)들, 그 사이의 나.

cave dream

0.

내 등 뒤에는 동굴 하나가 있다.

지난날의 갖가지 경험과 감정을 갖고 있는 동굴.

동굴과 내가 있는 모습을 제3자가 볼 만한 하나의
도식으로 설명할 수 있을 것인데, 이를테면 텅 빈 곳의
왼쪽에 하현달의 모양새를 한 동굴을 떠올려 보자.
그 오른쪽으로 끊임없이 동굴을 빠져나가는 내 모습이 보일
것이다. 우향하는 그래프의 논리를 따르는 동굴은 나를
집요하게 따라오고 있다. 동굴은 앞으로도 자신을 집요하게
갖춰 나를 집요하게 따라올 것이다.
 나는 동굴을 동굴의 형태로만 봐두지는 않는다. 동굴을
저금통처럼 쥐고 남은 잔액을 탈탈 털듯이 지난날을 다시
찾아내기도 하다가, 동굴도 나도 강처럼 흐르고 있는

각자를 놔두기도 하다가, 어느 날은 이런 우물 같은 동굴이
있나, 그 순간만큼은 내가 무슨 권위를 지닌 것처럼 그것을
내려다보게 되는데, 단번에 눈을 꾹 감아버리게 된다.
내게는 그 광경을 장악할 수 있는 권위 같은 건 없다. 고작
그 이십몇 년 살아온 시간이 순간 가져 보았던, 그 동굴의
넘치는 부피는 나에게 너무나 많은 이명을 가져다 놓는다.
귀를 막기도 전에 고개를 돌린 채로. 동굴을 다시 동굴로
놔둔다.

 등 뒤에서 동굴이 따라온다.

 동굴의 테두리는 의외로 일정하지 않다. 애써 등 돌려
보지 않고도 그 존재감이 느껴진다. 등 뒤에서 휘날리는
머리칼과 같은 동굴이 나를 계속해서 따라오고 있구나.
하현달의 곡선과 같은 동굴의 둥근 부분은 테두리를
고집하지 않는다. 다시 나는 제3자가 되어 테두리를 포기한
여유로운 동굴과 내가 이어 걷는 모습을 본다. 동굴은
내 지난날을 쥐고 있는 권능을 부리듯, 지난날이 나를
따라가든 나와 동굴을 탈피해 다른 곳으로 가든 상관없다는
식의 표정을 보이기도 한다. 그것은 동굴의 고뇌일까? 동굴이
나의 지난날을 재료 삼아 보여주는 하나의 퍼포먼스일까?

나도 애써 그 대답을 내리지는 않는다. 동굴의 테두리가
산란하다. 조용한 파장을 가진 오로라 같이.

 등 뒤에는 오로라가 퍼져 있을 것이다.

 오로라에는 조용히 아름답지만은 않았던 일들도 첨가되어
있다. 그 일들을 머금은 오로라가 나에게 진지한 장난을
친다. 나는 잠깐 동굴이나 오로라 얘기를 멈추고 싶다. 내가
무슨 플라톤이나 내셔널지오그래픽 촬영감독도 아니고……
이제 나는 동굴이 동굴이었다가 오로라였다가 제멋대로
변모하며 내 지난날을 재료 삼아 일방적으로 만들어낸 꿈
대신에, 내가 동굴을 다시 우물처럼 눕혀 거기서 길어 온
얘기들을 재료로 생산해낸 꿈을 얘기할 차례다. 나는 내가
꺼내 온 것을 고스란히 재생하는 영사기사가 될지, 고스란한
것을 참지 못해 왜곡하고 마는 연출자가 될지는 모른다.

1.

길어 올린 두레박에서 가장 먼저 꺼낸 것은 모형 트럭이다.

트럭은 빗물에 흠뻑 젖어있다. 모형 트럭을 15년 전 즈음 이동했던 실제 트럭의 크기로 복원해 놓으면 그 트럭은 당장 서울 동쪽 끝으로 달려올 것이다. 우리 가족은 영문도 모르고 물기가 서려 있는 트럭에 짐을 싣고 있었다. 실어야 했다. 곧장 남양주로 가야 했다. 하지만 나는 서울에 있는 중학교에 다녀야 하는데? 남양주 집 앞에 있는 중학교를 무시하고서? 남양주에서 사릉, 퇴계원을 거쳐 서울로 꼬박꼬박 통학했다.

7시까지 집 앞 버스 정류장에 완벽한 교복 복장으로 서 있어야 한다. 7시까지 단 하나의 버스, 서울까지 직행하는 노선의 버스를 타면 8시에 도착해 8시 40분까지 가야 하는 학교에 지각하지 않을 수 있다. 그러나 버스만 타고 등교한다고 가정했을 때 7시 5분에 서 있는 경우, 7시까지 온 버스의 다음 배차는 8시. 그러면 8시에 타서 9시에 도착하므로 20분이나 늦게 학교에 지각을 하게 된다. 아침마다 그렇게 학교에 가야 하는 것도 싫었지만, 전학을 가서 매번 친구가 달라질지도 모른다는 불길함도 싫었다.

굴하지 않고 남양주에서 서울로 다니는 오기를 보여준 덕에, 다시 서울에서 서울에 있는 학교에 다닐 수 있게 되었다.

  남양주에서 보내던 시간은 지금도 내가 가끔 동굴에서 꺼내 와 소름 끼치게 재생하는 꿈이다. 남양주에서 변성기와 사춘기를 동시에 거치면서 괴성을 정말 많이 질렀다. 지극히 남들이 갖고 있을 만한 규모의 불행이 있던 시절이었는데도 남양주라는 글자를 보면 그 시절의 괴성이 들린다.
그 괴성만이 동굴 밖으로 돌진하기도 하고, 오로라만큼 퍼져서 오로지 그 괴성으로만 나의 온몸을 뒤덮을 수 있다.

2.

동굴 밖으로 백로 몇 마리가 날아가고 있다.

내게는 백로로 오늘의 운세를 가늠해 보는 취미가 있다.

  백로는 출근할 때, 산책할 때 볼 수 있다. 집 앞에 흐르는 강은 일순간 폐수로 더러워졌다가, 가장 깨끗한 물이 되어 윤슬을 동반하며 눈부시게 빛난다. 그때 백로가 날아온다. 지하철을 탄 직후에 하나의 하천을 건넌다. 거기에 백로가 있는 날도, 없는 날도 있다. 있는 날에는 꼿꼿하게 서 있는지, 하천 속의 먹이를 주워 먹는지, 날개를 드넓게 펼치는지 살펴본다. 사실 한 마리의 백로만 있어도 안심이 된다. 백로의 여러 모습을 말해보았지만 대개 백로가 있는지 없는지만 신경 쓴다. 백로는 내게 상서로운 존재니까. 찬 안개가 드리운 겨울 아침 출근길에 본 백로들은 신선의 어느 현현 같기도 했다.
  쓰고 발표한 시 중 한 편에 백로를 등장시킨 적이 있다. 차를 타고 가다가 나뭇가지에 늘어져 나무를 점령한 하얀 떠들을 보았다. 그때 길이 막혀서 그것을 유심히 보며 검색을 해보았는데 백로라는 사실을 알게 되었다. 어떻게

저기 나무에 가 있게 되었지?를 상상하면서 시를 전개해
나갔다. 사실 그 시의 원래 결말은 백로가 죽는 것이었다.
그 상태로 발표했다가 시집을 묶는 단계에서 그 시의
마무리에 생채기가 난 듯한 느낌을 받았다. 그렇다고 단순히
살아났다는 텅 빈 이야기를 쓰고 싶은 것은 아닌데. 어릴 때
너무 곤히 자는 사람이 죽은 줄 알고 열심히 깨웠던 것도
생각해 보면서.

잠든다.
순간 살았는지 죽었는지도 모르게,
차분한 혼란에 빠진 상태.

 시 안에서 하나의 존재로서 노동한 백로가 일단
편히 잤으면 싶어, 그렇게 마무리를 지었다.

3.

살아온 시간에 비해 너무 많은 것을 동굴에다가 토해냈나,
아니면 나 때문에 동굴이 토하고 싶은 게 많지는
않았을까?

후자의 생각에 치우치자면, 가끔 나는 동굴이 토해낼지도
모르는 것을 배설물이 되기 전 날것으로 받아내 글로
처리하여 내놓는 사람은 아닐지 생각한다.

꿈을 말하는 방식이 토하는 방식일 때가 많았다. 내가
내 꿈에 열렬하다는 이유로, 듣는 사람을 신경 쓰지 않고
무조건 말해버려야 직성이 풀렸던 무례한 날들이 많았다.
말하기를 필요 이상으로 좋아하는 구석이 있는데, 사실
그럴수록 나에게 글이라는 개념이자 행위는 내가 세상과
괜찮은 소통을 하기 위해 너무나 필요한 도구다. 특히 즉각
써서 보내는 톡이나 댓글이 아니라 이렇게 얼마간 숙고하여
나 외의 사람들에게 확인을 거쳐 내놓는 글의 형태 말이다.

동굴 안에 저질러놓은 꿈들과, 동굴 밖에서 계속해서
발생하는 꿈들, 그 사이의 나와, 동굴 안팎의 꿈들을

고려하고 조율해내며 만들어내는 내 글과 앞으로 어떤
방식으로 살아갈지 막연하게 느껴질 때가 있다. 으레
작가라면 겪는 고충을 단순히 토로한다고 해서 타인이
막연하게 읽어주지는 않는다. 책 앞에 머물 만한 더
효율적이고 자극적인 것들이 시선을 단번에 채가는 시대에
어떻게 이런 칭얼거림을 조금 더 괜찮게 종이나 종이를 닮은
디지털에 설득력과 함께 얹어놓을 수 있지.

   내가 동굴에서 재생해 보는 꿈은 가끔 이런 고달프고
고단한 독백을 토한다. 어느 날엔 동굴을 변기처럼 잡고 내가
너무 많이 먹고 마신 꿈을 장기가 빠져나갈 때까지 토해냈다.

   나는 잠깐 속 시원하고 동굴 밖으로 시선을 돌리지만
내 뒤에서 동굴이 시끄럽다.

   동굴에게 조금 미안해진다.

4.

동굴에게 미안하지만은 않았던
동굴에다 말해놓았던 아름다웠던 꿈을 꺼내서 말해볼까.

— 그날 아침이었다. 집 근처 단정한 공원으로 걸어가고 있었는데, 아주 낮은 울타리로 나눠놓은 흙 구역에, 목련을 두 배 세 배는 키워놓은 듯한 기품 있고 두툼한 꽃잎을 가진 흰 꽃이 빽빽하게 피어 있었다. 그 흰 꽃은 아침의 싱싱하고 생생한 햇빛을 받아 눈부시게 빛나고 있었고 신성해 보였고 아름다워 보였다. 흰 꽃의 꽃잎들은 나풀나풀하지도 않았으나, 무겁지도 않아 내려앉지도 않았고 딱 그 자리에서 고고하게 내 시야에 들어왔다.

얼마 있다가 이런 꿈을 꾸었다.

— 둘둘 말려 있던 두루마리 종이의 한끝을 잡고 쭉 내린 다음에, 쓸 도구를 쥐고 정신없이 써 내려갔다.

그 꿈을 꾼 날에 나는 이런 꿈을 꾸었다.

— 책상에는 김연덕 시인의 『재와 사랑의 미래』가 놓여 있었다. 「재와 사랑의 미래」에는 하늘하늘 국수를 삶아 먹고 싶다는 대목이 나온다. 나도 국수를 삶아 먹고 싶다. 하늘하늘 늘어나는 국수와 닮은 문장을 쓰고 싶다. 그 문장을 여럿 삶은 한 편의 시를 쓰고 싶다. 다시 한 가닥이 한 편의 시라면 한 그릇의 시집을 쓰고 싶다. 나는 언제 한 그릇을 삶아낼 수 있을까? 한 그릇을 살고 싶다. 그다음 그릇을 삶고 싶다는 생각도, 그렇게 되면 한 권의 시집을 맑게 삶아낼 수 있겠다는 생각도 어렴풋이 하고 있었다.

그 꿈을 꾸고 몇 시간 뒤에 이런 꿈을 꾸었다.

—『재와 사랑의 미래』는 몇 시간 전에 읽고 책상에 놔둔 것인데, 아득하게 느껴졌다. 머리가 멍해져서 노트북도 덮고 휴대폰도 놔두었다. 한 시쯤이었나, 휴대폰에 전화가 오는 화면이 떴는데, 모르는 번호였다. 010으로 시작된 번호가 스팸이든 아니든 다 받고 보는 습성 덕이었을까. 근데 나는 그 전화를 오래전부터 기다려와서 그랬나. 어떤 전화인지 알 것 같았다. 전화를 받고 내가 쓴 시가 맞다고 확인하게 되었다. 이름과 나이, 학력 등을 물어서 대답하였고, 나는 순간 심사위원을 물어 그중 한 명으로 황인찬 시인이 있다는

것을 알게 되었다.

황인찬 시인?

2주 전에 예약해 두어 오늘 저녁에 가야 하는 북토크를 진행하는, 산문집을 쓴 황인찬 시인?

꿈을 저녁까지 걸었다.

황인찬 시인은 객석에 있는 내 얼굴을 봤을지 모르겠으나, 낮에 내 시를 봤을 테니 나는 왜일까 황인찬 시인을 낮에도 보고 저녁에도 보는 느낌이었다. 포스트잇에 이름 써서 시인님께 싸인 받으실 때 드리면 돼요. 나는 낮에 대답했던 이름을 적어서 냈고, 그 자리에서 황인찬 시인이 놀라는 모습을 보았다. 어떻게 이렇게 저녁에 바로 보나요? 같이 사진을 찍었다.

5.

동굴이 한 번씩 작게 뱉어내는 꼴 보기 싫은 꿈.

 그 가을은 대학교 첫 학기를 막 끝내고 많은 것에 부풀어 있는 계절이었다. 입학할 때부터 철학만 해서는 먹고 살 수가 없다는 염세적인 말을 다른 과 교수도 아닌 전공 교수한테 들어가면서도, 그럼 복수전공을 어느 과로 할 것인지에 고민하면 되지, 같은 얘기를 동기들과 나눴다. 당시 나의 자존심은 부풀다 못해 심하게 부어 있었다. 새내기 오티 무대도 섰겠다, 과대도 했겠다, 과에서 자타공인하는 인싸였겠다, 학점도 잘 받아 장학금도 받았겠다. 모든 걸 할 수 있을 것 같았다. 그 생각을 비웃으며 나를 비집어 배반하듯이 집안의 어느 한구석이 심하게 곪아 있었던 사실이 드러났다.
 그 사실을 가족들과 나누어 감당하면서 내 자존심이 가라앉기 시작했다. 적당히 가라앉아 자아와 비슷한 정도로 남아 있으면 다행일 텐데 가라앉다 못해 깊이 꺼지기 시작했다. 자존감이 다쳤다. 집안보다 학교를 믿었다. 과방에 눌러앉은 나를 보면서 너는 학교가 그렇게 좋아? 과방에 그렇게 늦게까지 있으려고? 소리를 들으면서도 학교에 어둑해질 때까지 남았다. 슬픔을 감춘 밝음에 취해 있었던 것 같다. 그러고선 학교에서 홍대입구역까지 걸어가 273 버스를 타면, 내가 공부를 조금만 더 잘했으면 갈 수도 있었던 우리나라 유수의 대학교들, 연세대 성균관대 한국외대 서울시립대 경희대 등을 거쳐 집으로 갈 수 있었다. 버스 안에서 감상할 수 있는 학교들이 많아서 좋았다. 그동안에 가족들과 나누어 감당해야 한단 사실을 소화하면서 울면서 갔다. 옆 볼을 버스 창에 붙이고 조용히 눈물을 흘리며 가는 것이 그 시절 나의 이상한 낭만이었다.

그때 눈물을 흘리던 표정으로 눈을 꾹 감았다 뜨면 고개를 돌리고 싶은 또 다른 순간과 맞닥뜨린다. 집안만이 아니라 학교에서도 내가 곪아있었단 사실을 목도해야 했던 순간을. 내가 곪은 줄은 전혀 몰랐던 그때, 내가 정말 허상의 인간관계를 나누고 있었다는 것을. 그 관계가 곪아있었다는 것을. 학교 사람들이 나를 배신한 것만 같은 때에. 나는 학생회의 일꾼이 아니면 혼나는구나. 나는 학생회와 동아리를 동시에 하려면 미움을 받아야 하는구나. 그게 돼지 곱창집에서 버너 불빛이 바싹 말라갈 때까지, 돼지 곱창을 한 입도 못 먹을 때까지 한 소리를 들었어야 하는 일이었구나.

너무나 강력한 오로라다. 다시 눈을 꾹 감고 좌우로
고개를 심하게 흔든다. 그 꿈으로 구성한 오로라는 한동안
나에게 가장 생생한 장면을 재생하고 만다. 나는 그 장면을
부수고 싶어서 고개를 미친 듯이 흔든다.

 오로라가 기어이 보여주는 마지막 장면에는 가좌역
인근을 걷고 있던 모습이 나온다. 곱창도 못 먹고 터덜터덜
돌아가다가 가좌역의 햄버거 가게 앞에서 털썩, 그 장면을,
나는 일어나지도 못하고 주저앉아 소리 내 울었다. 그때
집안과 학교는 각각 하나의 바늘 같았는데, 텅 빈 속에 버틸
힘이 차오르지도 않은 나를 양쪽에서 터트려대니 바람 빠진
풍선처럼 주저앉을 수밖에. 동기들이 나를 일으킨 것까진
기억나는데 그 뒤로 집에 어떻게 갔는지 지금도 기억이
안 난다. 그리고 그들과 지금은 연락하고 지내지 않는다.
그들은 동굴 속으로 들어가서 나오지 않는다.

6.

초등학교에 막 입학해 8살 때 겪었던 어느 장면을 건져
온다.

담임 선생님이 대사가 있는 희곡 비스름한 이야기를
읽을 친구를 찾았는데, 나와 어떤 친구가 같이 칠판 앞으로
나가게 되었다. 친구가 맡은 역할이 토끼였는지 거북이었는지
모르겠지만, 나는 호랑이가 확실했다. 그 대사를 학부모님을
모시는 공개수업 때 읽을 것이어서 그랬나, 정말 성의 있게
만들어진 동물 탈을 담임 선생님이 어디선가 구해와서
친구와 내가 쓰고 읽었던 그 무게감이 기억나기 때문이다.
벌써 20년 전이라 동굴 안에서는 그 장면의 파편들만 남게
되었지만, 파편 속에서도 온전한 장면처럼 돌올했던 것은
내가 맡은 호랑이는 어리석은 인물이었고, 친구가 내 뒤에서
하하하! 웃고 있으면 나는 구덩이를 파고 들어가듯이 자세를
낮추며 어흥, 어흥 하며 다소 슬픈 동물 울음소리를 내는
연기를 해야 했던 장면이 떠오른다.
우효의 〈성난 도시로부터 멀리〉라는 이름의 음반을
듣는다. 그중에서도 〈토끼탈〉이란 곡에는 '나한테 주어진
삶이 / 어쩌면 오래전부터 있어요'라는 가사가 흐른다.

나에게는 어설픈 호랑이처럼 등을 굽히고 파고 들어가는 일이 주어진 삶이 아니었을지 싶다. 나를 굽히고 숙인 채 동굴 안으로 들어가면서, 나를 스치는 꿈의 파편에 다치는 일. 불현듯 어느 파편으로 인해 그것을 쥐고 동굴 밖까지 기어이 가지고 나가고 싶다는 마음.

7.

동굴에서 기어이 나온 꿈이 현실이 되기도 하지만
현실이 다시 꿈이 되려고 동굴에 들어가기도 한다.

나는 동굴 속에서 쿠바를 아주 오랫동안 꾸고 있다.

이제 직전 문장을 읽은 내 어느 지인은 또 쿠바야?
미안한데 쿠바 안 궁금해…… 그러겠지. 이것은 분이
안 풀리는 감정과는 다른 것인데, 꼭 평생 사랑 시를 쓰다 죽고
싶은 어느 시인의 마음과 비슷할 수 있겠다. 쿠바를 다녀와서
블로그에 쿠바 여행 정보 pdf 파일을 올려 약 200명이 넘는
사람들에게 공유했음에도, 기어이 쿠바를 시로 써내어 당선작
11편 중 한 편으로 포함했음에도, 그 시를 토대로 연작 시를
구성하였음에도 아직도 쿠바가 애틋하다.
Buena Vista Social Club의 음반 〈Buena Vista Social Club〉을 듣는다. 이 음반이 발매된 해와 내가 태어난 해가 1997년으로 같다는 점에서도 유대감이 크다. 음반 표지에는 음영이 명확한 건물과 햇빛을 받는 거리와 걸어가는 사람들이 보인다. 표지 속으로 걸어 들어가면, 아침부터 잠도 없이 분주하게 아바나의 거리를 돌아다니는 내가 보인다. 한국에서

쿠바까지 먼 거리를 온 것은, 차에도 사람에게도 친절하지 않은 이런 질척거리는 거리에 알알이 박혀 있는 가정들의 일면을 보기 위해서인 걸까? 쿠바로 가는 데에 결정적인 영향을 주었던 프로그램인 JTBC 〈트래블러〉보다도 EBS 〈세계테마기행〉을 더 떠올린다. 들뜨지 않고 담백하게 담아내는 장면 사이사이에 극소량의 소금 간을 하듯이 음악을 뿌리는 연출 방식을 나에게 적용해 본다. 왜냐하면 나는 연예인이나 인플루언서를 동반한 여행 프로그램보다도 더 들뜬 방식으로 사진과 동영상을 담는 데에 혈안이 되었기 때문이다.

　물론, 여행을 다니면서 사진과 동영상을 찍고 나면 눈으로도 병행해서 담는 훈련을 하긴 했다. 심지어 눈으로도 제대로 담으라고 어느 강한 바람은 내 삼각대를 넘어뜨려 일부 부품을 깨뜨리기도 했다. 그래서 사진만! 동영상만! 담아대는 내 손짓만 기억나지는 않는다. 눈으로 직접 담은 그런 장면에서 시가 몇 편 나왔다. 바라데로의 넓은 바다가 내 눈 속으로 가져다 주었던 어마어마한 바람을 잊지 못한다. 비와 살짝 섞여 젖어 눈물을 흘리듯이 잦아들던 비날레스의 어느 노을도 잊지 못한다. 히론에서 보았던, 자갈과 피부색을 맞춰 현장에서 호흡하던 어느 도마뱀의 움직임도 잊지 못한다.

이런 것들을 동굴에서 길어오는 것을 보니
동굴이 필요한 것 같은 양가감정이 든다.

쿠바가 동굴 속으로 들어가 계속해서 일정한, 유혹적인
꿈을 생산해 내게 떠먹여 준 지는 오래되었다. 동굴 속에
있는 쿠바가 동굴 속에서 한 번도 현실이 된 적 없는 꿈을
품기 시작한다. 그 꿈은 그리 동굴 밖으로 나가라고 재촉하기
위해 만들어진 것은 아니다. 그렇지만, 동굴에서 현실이 되어
본 적 있는 아득한 쿠바를 꺼내어 곱씹을 때, 그 꿈은 조용히
첨가되어 있다. 그 꿈에서 불현듯 헤밍웨이의 목소리를
한국어로 번역해 듣는다.

 *내 여생을 빌려 가 살아보는 것은 어떻겠나? 그때 내가
자주 들렀던 칵테일 바 건물, 자네는 외곽만 보지 않았나?
그 내부를 보기 위해 다시 가보는 것이지. 내가 걸었던
발의 감각을 빌려 주겠네. 전부 살아보지 않아도 내 여생의
일부라도 살게 된다면 꽤 근사한 생활이 될지도 모르네.*

 순간 한국에서 잘 살기 위해 이뤄내야 하는 너무 많은 것을
동시다발적으로 토하고 나니 현기증이 난다.

8.

 사실 이 이야기를 하기 위해 동굴을 몇 달 동안 꿨다.

 다만, 동굴에서 깨어나도 사실이라 말할 수 있는 부분은 살면서 내 뒤로 무언가가 지속해서 따라온다는 감각이 있다는 것. 든든한 지원군처럼 느껴지기도 하다가, 그만 따라왔으면 좋겠는 떨쳐내고 싶은 것이기도 하다. 다시 이 이야기를 읽게 된다면, 이야기를 이해할 수 있는 도움 장치 같은 것이기도 하다. 동굴을 가만히 놔두지 못하고 계속해서 의심하며 동굴의 상태 면면을 살피며 읊었던 것은, 동굴을 마음 놓고 꿀 수는 없었기 때문이다.
 어느 날에는 동굴을 벗어났는데 더 큰 동굴이 나를 기다리고 있었다. 저마다 얇고 투명한 막을 가져 현실을 투과시키지만 분명 내가 어떤 굴레 안에 들어와 있다는, 마트료시카 같은 동굴들이 나를 겹겹이 기다리고 있었다. 동굴 하나하나와 이혼하려 면사포를 걷어내지만 살아가면서 동굴이 없는 곳만 바라볼 수는 없는 노릇이고, 뒤를 돌아보면 벗어던진 동굴을 겪었단 사실이 묻어 있는 면사포가 한구석에 머물러 있다.

가장 안쪽에서부터 동굴을 하나씩 걷어내며 깨어난다. 서늘하게 비치는 빛이 시야 앞에 머무르지만, 이것이 햇빛 자체가 탁한 것인지, 동굴의 시야를 한 번 거쳐 들어온 빛인지는 모른다. 내가 동굴에서 깨어났는지는 살면서 알아갈 일이다.

(조 온 윤)

나쁜 (꿈)을 꾸는 중에도 우리에게는
농담을 나눌 친구가 있고,
컴컴한 (꿈)속을 더듬거리며
걷게 된다 해도
서로의 손을 빛처럼 찾게 될 테니.

매몽과 몽매

꿈값을 치르고 길몽을 사다

K는 꿈을 수집한다. 좋은 꿈이든 나쁜 꿈이든 그는 잠에서 깨면 자신이 간밤에 다녀온 곳과 겪었던 일, 거기서 만난 이들을 이야기로 엮어 자신의 공개 일기에 쏜다. 나는 그의 오랜 구독자이자 친구로서 많은 꿈을 읽어 왔다. 일찍이 떠나보낸 반려 존재를 그곳에서 재회했다거나, 이등병 시절로 돌아가 끔찍했던 군 생활을 다시 했다거나, 전혀 다른 사람이 되어 낯선 시간대 낯선 나라를 돌아다녔다거나 하는 꿈들을. 마치 그 일을 실제로 겪기라도 한 것처럼 자못 몰입한 문장으로.

글쎄, 그에게 그 꿈들은 '겪었다'고 하는 게 맞을지도 모른다. 지난번엔 난데없이 전화를 걸어와 꿈에서 내가 자신과 절교를 선언했다며, 혹시 자기에게 화난 게 있다면 알려달라고 했다. 화난 일이라니, 가만히 쉬고 있었을 뿐인데…… 나는 K에게 걱정하지 않아도 된다며

조온윤

안심시켰지만, 어딘가 상처받은 듯한 그를 위해 마지막엔 미안하다는 사과를 덧붙여야 했다. 오직 K의 꿈속에서 일어난 사건이 그의 실제적인 경험으로서 유효하다고 인정하고 만 것이다.

꿈에 몰입하는 능력 덕분일까? 그 후로도 K의 꿈은 이따금 현실에서 실재적인 영향력을 인정받았다. 중고 거래를 하듯 그에게서 꿈을 산 적도 있다. 그날도 출근길에 접속한 그의 일기에는 아침 일찍 새로운 꿈 이야기가 올라와 있었다. 꿈에서 요강에다 소변을 보는데 갑자기 화수분처럼 요강 물이 솟구쳐 집 안이 잠겼다고 했다. 소변에 잠기는 꿈이라니, 단박에 문희와 보희가 떠올랐다. 나는 식견 없는 주인이 실수로 내놓은 귀한 매물을 본 것처럼 잽싸게 그 꿈을 사겠다는 댓글을 달았다. 얼마든지 사가도 좋다는 그에게 얼마면 되겠냐고 물었더니, 커피값이면 될 것 같다고 해서 서둘러 계좌이체를 했다. 이제 나에게 어젯밤 꿈을 주겠다고 말해줘. 그가 나에게 어젯밤 꿈을 주겠다고 답신하는 것으로 그날 매몽은 성사됐다.

이게 얼마나 좋은 꿈인 줄 모르는구나. 내게는 그날 그 꿈을 산 일이 횡재 같았다. 소변에 잠기는 꿈은 길몽이야, 들어 봐. 나는 거래를 마친 뒤에야 그에게 문희와 보희 설화를 알려주었다. 김유신의 누이 문희가 언니 보희로부터 꿈을 사서 훗날 무열왕의 왕비가 되었다는 이야기를. 보희가 서악에 올라 소변을 누니 온 마을이 요로 가득 찼다는 꿈을 문희에게 들려주자, 문희는 심상치 않은 길몽임을 눈치채고 그 꿈을 사겠다며 꿈값으로 비단치마를 준다. 지금으로 치면 명품 코트에 버금가는 귀한 꿈을 만 원짜리 한 장으로 치른 셈이라고 했지만, 그는 개의치 않는다는 듯 꿈이야 다시 꾸면 된다는 말로 되받았다.

문희의 경우에는 언니와의 매몽이 대단히 성공적이었다. 매매 제안에 응한 보희에게 꿈을 받게 된 문희는 며칠 뒤에 김유신을 보러 온 김춘추와 만나게 되고, 얼마 안 가 둘은 혼인을 맺는다. 훗날 김춘추가 왕이 되자 그의 정부인으로서 왕비로 불리게 되는 건 잘 알려진 결말이다. 내가 산 꿈도 효험이 있었느냐면, 설마 그럴 리가. 침수 꿈을 산 날 저녁에 복권 가게에 들러 복권 여러 장을 샀지만, 며칠 뒤 확인한 당첨 결과에는 낙첨입니다라는 문구만 뜰 뿐이었다. 하기야, 마을 하나가 소변으로 가득 찼다는 데 비하면 내가 산 꿈은 집 한 채 잠기는 정도였으니, 오천 원이면 딱 적당한 값을 치른 것도 같았다.

지금까지 K의 공개 일기에 올라온 꿈 이야기만 해도 수십 편이 넘는다. 하지만 그와 나 사이에 이루어졌던 매몽은 그 꿈이 유일하다. 나중에 안 사실이지만, 그와의 꿈

거래에는 위반이 의심스러운 사항이 있었다. 내게 꿈을 팔아놓고서 다음 날 자기 몫으로도 복권을 한 장 샀다는 거였다.

그 행위로 인해 꿈의 총력이 나뉘어버린 거라고 항의하자, 그는 새로 좋은 꿈을 꿔서 산 거라며 그 꿈과는 상관없는 복권이었다고 변명했다. 꿈이야 다시 꾸면 된다는 말이 이런 뜻이었나? 그의 말이 사실이든 아니든 그날의 매몽은 결국 아무런 효능도 보지 못한 채로 끝나고 말았다. 소변에 잠기는 꿈이 실제로 어떤 영험함을 지니는지 알 수 없게 된 건 물론이다.

그래도 이 거래에서 남은 게 하나 있다면, 우리가 꿈을 마치 손에 잡히는 무엇처럼, 그래서 다른 이와 주고받을 수 있는 무엇처럼 인지하고 있다는 것이다. 내게는 이 사실이 굉장히 기묘하게 다가온다. 나는 내세를 위해 현실을 봉사하는 종교인도 아닐뿐더러 누군가가 사람들 겁주려고 지어놓은 귀신의 존재도 믿지 않는다. 그러나 꿈에 있어서는 그것이 현실에 손을 뻗는 그 물리적인 개입을 도저히 무시할 수가 없다. 나도 K처럼 이따금 생생한 감각으로 꿈을 꾸고, 꿈에서 깬다 한들 간밤에 그 일들을 분명히 '겪었다'는 걸 부정할 수가 없기 때문이다.

꿈은 물질이다. 정말로 손에 잡히거나 눈에 보이지는

않을지언정 이야기로써 존재를 인정받는다. 이런 생각을 한 사람이 나만은 아닐 테다. 그게 정말 꿈의 효험이었는지는 알 수 없으나, 삼국유사에 기록된 문희와 보희의 매몽 설화는 옛사람들이 두 자매 사이의 매몽을 정당한 대가를 치르는 거래로 인정했다는 걸 말해준다. 소변으로 도시 하나를 뒤덮었다는 꿈은 보희 한 사람의 머릿속에서만 이루어졌지만, 당사자의 증언만으로도 하나의 재화로서 가치를 지니게 되었던 것이다.

꿈이 물질로서 공공연히 인정되었던 시대에는 좋은 꿈을 많이 꾸는 것만으로 큰 부를 얻었을지도 모르겠다. 나도 좋은 꿈만 꾸고 싶다. 좋은 꿈만 꿔서 사람들에게 팔고 싶다. 그들이 내 꿈으로 말미암아 원하는 바를 이루고 영화를 누린다면 대가를 받은 나도 좋고 그들도 좋고 모두가 좋은 게 아닌가. K는 종종 좋은 꿈을 꾼다. 종종 좋은 꿈을 꾸는 그가 부럽다. 좋은 꿈을 꾸지 않아도 좋은 꿈을 꾸었다고 주장하는 식으로 매물로 내놓을 수도 있겠지만, 꿈을 믿는 자로서 나는 절대로 그럴 수 없다. 꿈을 믿는 자들은 절대로 그럴 수 없다.

지어낸 꿈을 팔아넘길 때 불리해지는 건 도리어 거짓말쟁이 쪽이다. 매도자의 말만 믿고 가짜 꿈을 사더라도 매입자에게서 꿈의 영향이 사라지지는 않는다. 누군가

조은윤

그것이 가짜 꿈임을 폭로하거나 자백하지 않는 이상,
매입자는 자신이 그 꿈을 소유하고 있고 머지않아 어떤
영검한 행운이 제 삶에 찾아오리라고 굳게 믿고 있을 테니까.
반면에 거짓말쟁이는 스스로 꿈이 물질임을 불인정한 꼴이
되므로, 꿈은 꿈을 믿지 않는 자에게서 떠나버린다. 뚜렷한
세계로서 실재하던 꿈은 아무것도 아닌 것으로 증발해
버리고 만다. 좋은 꿈을 꾼다 해도 이미 꿈과 현실 사이에
놓여 있던 인과의 다리가 끊어졌기에, 그 사람은 꿈이 지닌
영험을 영원히 경험할 수도, 알아챌 수도 없을 것이다.

 K는 여전히 꿈을 수집한다. 그는 꿈을 믿는다. 나도 꿈을
믿는다. 그를 정직한 친구로서 믿기도 하고. 우리는 꿈을
믿는 자들이므로 우리 사이에 있었던 거래에 속임수란
있을 수 없다. 고로 그가 꾸고 내가 산 꿈은, 이미 우리 중
한 사람이 복권을 사느라 효력을 소진해 버리기는 했지만,
정당한 재화의 교환이자 상징적인 매몽으로서 나의 기억과
기록 속에 존재할 것이다.

꿈 노동의 대가를 주장하다

 K를 처음 만난 건 전 직장에서였다. 그는 일에 있어 요령을 피울 줄 모르는 근면하고 성실한 사람이지만, 동료들로부터는 종종 일머리 없는 사람으로 불리곤 했다. 비록 직장 내에서 신뢰를 얻지는 못했어도 내게는 그의 내면에 대한 강한 신뢰가 있었다. 그와 가까워질 수 있었던 것도 그의 정직하고 순박한 면모에 끌린 덕분이다. 이렇게만 말하고 싶지만, 실은 지나치게 조용하고 내성적인 내 주변에는 좀체 사람이 없었고 그나마 나의 과묵함을 견뎌주는 동료는 K뿐이었다.

 우리가 다니던 회사는 하루에도 수십 건씩 여러 클라이언트 업체의 자료집과 보고서 따위를 만들어 납품하는 곳이었다. 거기서도 나와 K는 업무 강도가 가장 세다는 편집부에 속해 있었다. 업무도 적지 않을뿐더러 데이터가 인쇄기로 넘어가는 순간 돌이킬 수가 없어 높은 집중력과 세심한 눈썰미를 요하는 업무였다. 관리자급의 상사는 과도한 업무량도 소화할 수 있도록 입버릇처럼 성실하기를 강조했다. 애석하게도 우리의 적성과 역량에 꼭 들어맞는 일은 아니었는데, 그중에서도 K는 상황이 더 나빴다. 꼭 사소한 한 가지를 놓치고 허둥대다가

지적받고 반려되는 경우가 잦았다. 근면과 성실로는 해결되지 않는 문제였다.

우리는 매일 오전 열두 시부터 오후 한 시까지 정확히 한 시간으로 지켜지는 짧은 점심시간을 쪼개서 공원을 걸었다. 마찬가지로 사원증을 목에 걸고 산책하는 사람들, 누군가 뿌려놓는 모이를 찾아 몰려다니는 비둘기 떼, 흙바닥에 자란 가로수 그림자 따위를 보면서 직장에 관한 하소연이나 신변잡기식의 싱거운 이야기를 나눴다. 매일같이 업무에 대한 압박과 훈계를 받는 와중에 유일하게 긴장을 놓고 물러질 수 있는 시간이었다.

그때에도 K는 꿈 얘기를 했다. 어느 날엔 그의 악몽에 대해서도 들을 수 있었는데, 요즈음 꾸는 꿈에 부쩍 회사가 자주 나온다고 했다. 안타깝게도 그는 거기서도 아침부터 저녁까지 사무실에서 긴장한 상태로 해야 하는 일들, 클라이언트로부터 쉴 새 없이 들어오는 과업들을 분 단위, 초 단위로 쳐내고 있었다. 꿈속에서라도 잘하면 좋겠는데 거기서도 똑같은 실수를 거듭하고 있다고 했다.

평일 내내 하루 여덟 시간을 넘게 함께하다 보면 꿈의 감각까지 동기화되는 걸까? 그가 꾼다는 악몽은 이따금 나에게 찾아오던 꿈과 닮아 있었다. 분명히 퇴근하고 잠자리에 들었는데 꿈속에서도 책상 앞에 앉아 연이은

야간 근로를 하는 꿈이었다. 어쩌면 우리가 같은 꿈을 함께 꾼 걸지도 모르겠다고 했더니, 그는 비슷한 고민을 안고 있으면 꿈을 공유한다는 속설이 있다고 알려주었다. 말마따나 우리는 일과 삶이 기질적으로 일치하지 않는다는 데서 힘겨워하고 있었다. 그의 괴로움이 적정선을 모르는 탓에 성실함이 지나친 경우였다면, 나의 경우에는 성실하지 않은 인간이 안간힘으로 성실한 척하다 보니 생겨난 어긋남이었다.

특히 나의 어긋남은 결벽증적인 문제였다. 나는 누군가로부터 책잡히는 걸 몹시 싫어한다. 만일 내가 근면한 사람처럼 보인다면, 그건 내가 남들에게 그런 구실을 주기 싫어서 부러 건실하게 보이려고 노력 중인 것이다. 덕분에 주변에서는 나를 하루하루 성근지게 살아가는 사람으로 알고 있으나, 속을 열어다 보면 거기에는 귀찮다, 하기 싫다를 입버릇처럼 말하면서 발로는 열심히 노동의 페달을 굴리는 사람이 있을 뿐이다. 지금이야 머리와 몸의 그 간극을 어느 정도 메꾸었다지만, 그때에는 무언가에 지기 싫다는 마음으로 미련하리만큼 일에 몰입하고는 했다. 일을 마친 후에 꿈에서도 다시 일을 할 정도로 말이다.

내 안의 불평객은 그런 나를 가만 내버려두지 않았다. 어느 날엔가 내가 쏟는 고생에 비하면 보잘것없는 급료를 보며 이런 생각을 했다. 꿈속에서까지 일했으니 나는 두 배로 일한 게 아닌가? 내가 정말 꿈에서 노동을 한 거라면, 그 노동의 대가는 누구에게서 받아야 하지? 어떤 일이 나의 의식을 넘어 무의식까지 점유한다면, 그건 일 8시간과 주 40시간을 기본으로 하는 근로 계약에 어긋나는 게 아닌가? 그러니까, 꿈에서도 일하는 만큼 마땅한 대가를 받아야 한다고 말이다.

결국에 직장을 먼저 그만둔 건 K가 아니라 나였다. K는 꿈으로까지 침투하는 압박감을 특유의 근성과 회복력으로 버텨낸 반면에 나는 자꾸만 어긋나는 것들, 어긋나는 꿈들을 더는 견디지 못했다. 깨어 있는 현실에서만 일하는 거라면 그럭저럭 감내할 만했겠지만 나의 꿈까지 바쳐야 하는 일이라면 수지타산에 맞지 않았다. 만일 꿈에서도 일을 한다면 응당 그 대가가 있어야 했다.

꿈 노동의 대가라니, 터무니없는 생각이었을까? 생업에 지쳐 회사를 뛰쳐나온 노동자의 자조 섞인 농담처럼 들릴 수도 있다. 하지만 내게 있어 그건 나름 진지한 의문 끝에 내린 결정이었지, 단순히 노동자로서의 고초를 역설하거나 자본주의 사회에 반항하려던 건 아니었다. 만일 현실에서의 노동이 과한 탓에 꿈의 시간마저 빼앗기게 된다면 그에 맞는 값을 청구해야 한다는 것뿐이다. 우리가 사과 한 봉지를 집어 들고 그에 맞는 값을 치르듯이. 우리가 몸과 정신을

바쳐 하루 치의 일감을 끝내고 일당을 받듯이. 만일 시간이
연장된다면 연장된 만큼의 품삯을 계산하듯이.

 아직 우리네 꿈은 포괄임금제다. 꿈에서 수백 건의
문서를 생산하고 쉴 새 없이 프레스기를 찍어낸대도 대가를
치러주는 곳은 아무 데도 없다. 고용주를 찾아가 어젯밤
잠을 자며 일을 했으니 꿈 노동 수당을 달라고 요구하면
미친 사람 소리만 들을 거다. 하기야, 현실에서의 노동도
포괄임금을 벗어나지 못하는데 꿈의 노동에 대가를 챙길 수
있을 리가. 우리더러 몸과 정신을 갈아 넣어 일하라던 이들도
그랬다. 권유를 빙자한 압박에 매일같이 조기 출근과 야근을
했지만 그에 대한 보상은 없었다.

 그곳에서 도망치듯 나왔지만 연장된 노동의 꿈은 지금도
한 번씩 내 잠 속을 찾아온다. 적지 않은 시간 몸담은
일이니 습관이 몸에 밸 수밖에. K의 꿈 일기를 보니 그도
마찬가지인 것 같다. 그는 간혹 꿈에서 가벼운 몸으로
하늘을 부유하는 비닐 인간이나 세상을 뒤엎어버리는
혁명가가 되기도 했지만, 정작 현실에서는 그곳으로부터
떠나지 못하고 있었다. 우리의 삶에서 노동이 완전히
분리되지 않는 한 그 악몽은 사라지지 않고 몇 번이고
우리를 되찾을 거였다.

 다시 야간 근로의 악몽에 빠지게 될 때, 우리가 할 수

있는 일은 무엇일까? 나처럼 겨우 일터 밖으로 도망치는 것밖엔 할 수 없을지도 모른다. K처럼 좋은 꿈들을 기록하는 것으로 위안을 얻는 것밖엔 없을지도. 다만, 이다음엔 이런 말을 덧붙일 수도 있겠다. 꿈에서도 일했으니 오늘은 맛있는 식사와 볕 좋은 산책으로 그 품값을 받을 자격이 있다고. 우리에게는 좋은 꿈속에 살날이 훨씬 더 많을 거라고. 그리고 바랄 수밖에 없다. 누군가가 갖가지 권모와 술수로 우리의 낮에 훼방을 놓는대도, 밤에는 그 누구의 방해도 개입도 없이 온전히 자기만의 평화를 꿈꿀 수 있기를.

다시, 꿈은 물질이다. 지금은 꿈의 지평에서 일어나는 노동이 오직 한 사람의 잠 속에만 속하는 탓에 아무런 제도 없이 착취당하고 있지만, 우리가 무슨 꿈을 꾸는지 명명백백 알 수 있어 꿈의 보상을 요구할 수도 있는 날이 올 것이다. 과거 사람들이 터무니없다고 여겼던 것들이 지금은 버젓이 발명되고 상용화되었듯이 말이다. 그러므로 언젠가, 내가 꾼 꿈이 상세히 기록된 서류를 들고서, 사측에 꿈 노동의 대가를 청구하는 내용 증명을 보내는 날이 올지도 모른다.

꿈에서 겪은 것들을 꿈 바깥에서 인정받게 된다니, 현실성 없는 백일몽처럼 들릴 수도 있다. 하지만 꿈을 믿는 자들이라면 이런 미래를 그려보는 게 아주 허무맹랑하지는 않으리라고 여긴다. 어쩌면 저 옛날 해몽가들은 꿈에 겪은 일들을 현실 세계로 내오는 현현 작업으로서 해몽을 시작한 것일지도 모른다. 그런 맥락에서 프로이트는 가장 성공한 해몽가일 수 있다. 가까운 미래에는 미셸 공드리의 〈수면의 과학〉처럼 꿈의 극장이 영사되고 다른 이들이 관객이 되어 내 꿈을 시청하게 될지도 모를 일이다. 크리스토퍼 놀란의 〈인셉션〉처럼 서로의 꿈속을 넘나들며 생각을 훔쳐보게 될 수도 있으니 그때에는 꿈 단속을 단단히 해야 할 거다.

 K의 꿈 일기처럼 생생한 몽매의 세계를 다녀오는 건 아니어도, 나는 깨어 있는 와중의 몽상 속에 이런 미래도 그리고 있다. 언젠가 정말로 꿈의 현현이 발명되면 다른 이의 꿈으로 건너가는 일도 가능해질 거라고. 나와 K가 현실을 초과해 꿈으로까지 이어졌던 연장 근로의 악몽을 공유했듯이. 그리고 그때에는 너무 무거운 꿈을 혼자서만 짊어지지 않아도 될 것이다. 두 사람이 하나의 꿈을 함께 꾼다면 거기서 일어나는 모든 불행을 나누어 견딜 수 있을 테니까. 우리가 악몽을 떠올릴 수 없게끔 상상력을 틀어막지는 못하겠으나, 적어도 꿈으로 걸어 들어가는 그 시간이 무섭지는 않겠다. 나쁜 꿈을 꾸는 중에도 우리에게는 농담을 나눌 친구가 있고, 컴컴한 꿈속을 더듬거리며 걷게 된다 해도 서로의 손을 빛처럼 찾게 될 테니.

조은윤

매몽 문서를 쓰다

K의 꿈 일기가 중단된 지 오래됐다. 걱정되는 마음에 여러 번 기별을 보냈지만 문자에도 부재중 전화에도 공개 일기의 비밀 댓글에도 답신은 없다. 절교의 의미일까? 그런 꿈을 꾸지는 않았지만, 이번에는 내가 그에게 화나게 한 일이 있다면 알려달라고 해야만 할 것 같다. 아니면 꿈과 현실을 구분 못 하는 K가 꿈속에서 나와 절연하고서는 현실에서도 그것이 유효하다고 여기고 있을지도 모른다. 아무튼 작별도 없이 사라지다니, 마치 꿈속에서 만난 친구가 기침과 동시에 온데간데없이 떠나버린 것 같다.

그럴 수도 있겠다. 꿈은 영리하니까. 나는 언제나 꿈에게 속아왔다. 여태껏 단 한 번도 꿈속에서 그것이 꿈이란 걸 자각해 본 적 없다. 꿈을 꿀 때는 그게 꿈인 줄 모른 채로 내내 슬퍼하다 분노하고, 만났다가 헤어지고, 결심하다 좌절하고, 괴롭다가 행복해한다. 자각몽을 꾸는 사람들이 있다던데. 내 경우에는 잠을 깨우는 소리에 꿈의 세계가 허물어지고 난 뒤에야 정체가 드러난다. 마치 모두가 삶을 연기하는데 혼자서만 진심을 다해 살아가다가, 장막이 풀리는 순간 숨어 있던 꿈의 설계자가 나타나 사실 다 장난이었다고 실토하는 것 같다.

그렇다면 내가 진심으로 사랑하고 믿어왔던 것들도 별안간 꿈이 벌여놓은 농간임이 밝혀질 수도 있다. 내가 걸었던 장소, 어제 먹은 음식과 '먹다'라는 개념, K를 비롯해 나와 대화하고 교감했던 모든 사람들, 한때 진리로 여기고 골몰했던 철학적인 사유들까지도. 일장춘몽. 꿈에서 깨면 나를 둘러싼 모든 진실과 사실이 허물어지는 것이다. 호접지몽. 꿈에 나비로 살았던 장자처럼 나는 나로서 살아가고 있지만, 나를 꿈으로 꾸고 있는 원주인은 아닐 수도 있다. 몽중설몽. 나의 삶 위로 씌어 있는 또 한 겹의 막, 나는 지금 꿈속에 있기에 꿈속의 꿈에 관해 이야기하고 있는지도 모른다.

　K는 지금 꿈을 꾸고 있을까, 현실을 살아가고 있을까? 꿈을 현실로 여기고 속아 넘어가고 있을 수도, 현실을 꿈처럼 여기고 살고 있을 수도 있겠지. 구운몽의 성진처럼 온갖 부귀와 영화를 누리며 살다가 K 자신으로 깨어나 인생의 덧없음을 깨닫고 속세를 떠났을 수도 있다. 돈과 집, 가족과 미래, 직장에서의 평판, 거스를 수 없는 중력 같은 현실적인 문제들에 부딪히다가도 종종 지상으로부터 몇 센티미터쯤 붕 떠 있는 듯이 머나먼 생각에 잠기던 K. 그 모든 것으로부터 해방되고 싶어 하던 K라면 가능성이 없지 않은 이야기다. 다만 그가 무엇이 되어 있고 무엇을 하고 있든, 그의 일기가

어딘가에 이어지고 있다면 좋겠다. 혹여 더는 꿈이 아니라 현실을 기록하고 있을지라도.

어쩌면 꿈 일기와 현실 일기에 차이란 없겠다는 생각이 든다. 아니, 꿈과 현실에 차이가 없다고 하는 게 맞을지도. 어디까지나 꿈은 오직 한 사람의 내면에서 일어나는 지극히 개인적인 사건이다. 고로 지금으로서는 꿈 주인의 구술과 기록으로만 그 존재가 밝혀질 수 있다. 꿈 주인이 자신의 꿈을 이야기로써 바깥에 풀어놓지 않는 이상, 꿈은 생겨났지만 태어나지 못하는 존재처럼 주인의 내면에만 잠시 회태했다 소멸하고 만다.

그렇다면 현실은? 어젯밤 아무도 목격하지 못하고 증거도 남지 않았지만, 별안간 내가 밤거리로 뛰쳐나가서는 전봇대 꼭대기를 기어올라 목청껏 노래를 불렀다면? 그것은 이 세계에 분명히 일어난 사건이겠으나 증명할 수 없기에 나를 제외한 모든 이들에게는 꿈과 다를 바가 없다. 꿈은 나만이 들락거릴 수 있는 방, 그 안에서 일어나는 사건, 거기 놓인 모든 사물, 그곳에 머무르는 만큼의 시간이다.

나는 그곳을 드나들면서도 손에 아무것도 가지고 나오지 않는다. 내가 꾸는 꿈들은 해변에 쓴 글씨처럼 자연스레 흩어지고 옅어진다. 그것이 시간의 밀물에 쓸려 지워지도록 가만 내버려둔다. K가 그랬듯 잠이 깬 직후 꿈의 윤곽이 허물어지기 전에 기록해 둘 수도 있겠지만, 그럴 정도의 성실함이 내게는 없다. 현실의 일기장도 채 며칠을 채우지 못하는데 꿈이라고 다를 리가. 물질로서의 매몽, 꿈 노동 제도, 꿈의 현현을 염원하면서도 사실 그것이 무척이나 어려운 일이라는 걸 잘 안다. 있는 힘껏 쥐어도 손가락 사이로 흐르는 물처럼 꿈은 우리의 기억으로부터 너무 쉽게 빠져나가니까.

 꿈이 아닌 현실이더라도 시간이 지나면 사라지기 마련이다. 꿈의 증발이 조금 더 빠를 뿐, 현실도 미래와 과거라는 이름의 조수 간만에 차츰 지워지고 있으니까. 이때 과거는 당연히 썰물 때를 의미할 테다. 과거를 떠올리면 세월에 가려지고 옅어졌던 옛 문장들이 희미하게 드러나기에. 간혹 그곳 해안으로는 지구상에 존재하지 않는, 낯선 물질로 된 알갱이들이 쓸려오기도 한다. 그것은 자칫 모래알과 똑같아 보여 한데 섞이면 구분할 수 없게 된다. 꿈과 현실의 경계가 흐릿해진 탓에 그 기억이 꿈인지 현실인지 알 수 없게 된다.

 K는 바로 그 경계에 서 있다. 꿈 일기가 중단되고 시간이 갈수록 그가 실존하는 나의 친구였는지, 나의 꿈이 만들어낸 가상의 인물인지 헷갈리기 시작한다. K? 그런 사람이 있었어요? 영업부에 비슷한 이름이 있기는 했는데……

혹시나 하는 마음에 옛 동료들에게 K의 안부를 물었지만 그들은 K의 근황은커녕 그를 기억조차 하지 못한다. 모두가 그를 잊어버리고 오직 나만이 그를 기억하는 거라면, 그는 내가 꾼 꿈과 다름없는 게 아닌가? 그렇다면 이대로 K를, 다른 꿈들과 마찬가지로, 시간의 물결에 쓸려 완전히 지워지도록 내버려두어야 할까?

  나는 그러고 싶지 않다. 내가 그를 꿈꾼 것이라면, 그는 좋은 꿈임이 틀림없다.

  좋은 꿈은 다른 것과 맞바꿀 수 있다. 어느 날 나는 K의 꿈을 꾼다. 그날 아침 꿈을 놓치지 않기 위해 처음으로 일기를 써야겠다며 책상 앞에 앉는다. 호접지몽. 꿈속에서 나는 K로 살아간다. K는 근면하고 성실한 사람. 점심이면 가로수 그림자를 밟으며 산책하던 사람. 때로 거기 멈춰 서서 자신이 아닌 다른 존재로의 삶을 상상하기도 하면서. 세상일에 치이고 사람들에게는 바보라고 불리어도 꿈에 대한 믿음을 잃지 않던 사람. 그 모든 K를 경유한 끝에 깨어보니 나는 여전히 나로 남아 있다.

  온 도시가 소변에 잠기지도, 하늘로 용이 승천하지도 않았지만 K의 꿈은 틀림없이 길몽이라는 확신이 든다. 나는 이 꿈의 적당한 값을 정한다. 꿈은 현실과 거래될 것이고, 꿈값은 꿈 바깥에서 K를 기억하며 살아갈 시간으로 받아낼 것이다. 꿈의 내용이 기록된 일기는 내가 꾸었던 꿈의 세계를 증명하는 것이 되므로 매몽 증서로서의 효력 또한 지닐 것이다. 누구든 마음에 든다면 얼마든지 사가도 좋겠다. 물론 구매자가 꿈이 지닌 효력을 얻게 될 테지. 그가 우리처럼 꿈을 믿는 사람이라면. 우리가 나누는 간밤의 꿈 이야기가 실은 현실을 살아가게 해주는 주문이란 걸 믿어 의심치 않는다면.

(여 세 실)

이것은 (꿈)인 동시에 생시다.
얼어 있는 강으로, 잠시 멈춘 슬픔으로
지금 내게 밀려오는 것은 언젠가
당신이었던 적 있는 풍경들이다.

호접몽

 옷가게를 둘러본다. 소매를 뒤집어 박음질이 잘
되어있는지, 원단은 무엇인지 살핀다. 맵시가 살되,
남녀공용으로 나온 옷 위주로 본다. 옷을 고르는 법은
엄마에게서 배웠다. 어릴 적, 엄마는 퇴근 후에 나를 데리고
쇼핑을 했다. 무척이나 피곤한 기색으로 아울렛을 몇 바퀴씩
돌았다. 엄마가 내 몸에 대어 보던 옷들은 모두 마다했다.
맘에 꼭 드는 옷이 없음에도 지친 엄마의 표정을 보면 뭐라도
사긴 사야 할 것 같아 서둘러 옷을 골랐다. 그럴 때 엄마와
내가 타협을 볼 수 있었던 옷은 리버서블 옷이었다. 겉과
속이 정해져 있지 않은 옷. 뒤집어 입어도 되는 옷. 한 벌을
사면 두 개의 디자인으로 입을 수 있는 옷이었다. 깔끔하고
단정하길 바라는 엄마는 단색 카라가 있는 쪽을 마음에
들어 했고, 머리통이 하나 더 컸어도, 또래 여자애들처럼
입고 싶어 했던 나는 잔꽃 무늬가 분분한 쪽으로 뒤집어
입기를 좋아했다.

혼자 인터넷으로 쇼핑을 하는 나이가 되어서도 나는 종종 리버서블 옷을 고른다. 박음질이 깔끔하고 택이 없어 편한 것도 한몫하지만, 겉과 속이 정해져 있지 않다는 것이 마음에 든다. 언제든 내외가 바뀔 수 있다는 것. 안팎이 서로를 대신할 수 있다는 사실이 좋다. 리버서블 의류처럼 꿈과 현실은 서로의 안팎을 대신할 수 있다. 속의 바느질이 곧 밖의 무늬가 되고, 밖의 안감이 곧 속의 겉감이 된다. 그 조응이 퍽 아름답다. 겉과 안이 서로의 속감이 되어 한 벌의 옷이 되듯이 꿈과 시, 사랑과 가정도 겉과 속이 함께 간다는 것을 늦게나마 배웠다. 아니, 그런 것을 굳이 말로서 배우지 않아도 얼떨결에 다 알게 되는 때가 있었다. 새 옷을 사 입게 되는 봄철에, 첫사랑을 앓으면서, 백일장에 나가 원고지에 시제를 몇 번이고 썼다 지우면서, 첫 시집을 펴내면서 나는 내 겉과 속을 가늠하고, 안감을 펼쳐 다시 가누게 되었다.

그런 순간. 사랑에도 안팎이 있다는 사실을 알게 되는 순간. 서로의 치부와 상처를 다 알고도 함께 연대하는 사람들의 외현과 내연을 동시에 보게 되는 순간이 있었다. 서로가 서로의 은인이자 가장 뼈아픈 악연이 되어주는 관계들. 상대의 가장 아픈 환부가 곧 그를 가장 사랑스럽게 하는 부분이기도 하다는 것. 꿈과 시, 그리고 떼떼옷을

사 입게 되는 계절의 마디마디마다 나는 꼭 '리버서블
러브'를 하게 되었다. 어떤 겉과 속은 수박 같아, 겉과 속이
퍽 다르지만 한 번 두드려 보고 싶게 둥글고, 또 어떤
외현과 내연은 너무 비대하고 그릇되어 가누기조차 쉽지
않아 달아나고 싶었다. 그럼에도 철마다 내가 나를 건사할
수 있도록 도운 것은 시였다. 나는 그것을 언제는 엄마라고
부르고 싶었다가 또 언제는 연인이라고 부르고 싶어진다.
끊을래야 끊을 수 없는 인연이거나 너무도 매력적으로
비춰져 홀랑 넋을 잃게 되는 순간이기도 했기에. 시적 언어로
먼저 오느냐, 경험으로 먼저 오느냐 그 차이였다. 그중 몇은
부재로서 나를 길러내기도 했다. 생의 안감을 먼저 감각하게
되는 일은 생전 만나 본 적 없는 것을 그리워하게 되는
일이기도 했다.

　어떤 안팎이 들고 난 자리에는 시라고 불러 보고 싶은
글들이 분분히 나리기도 한다. 고되게 머리를 싸매고
앉아 있지 않아도, 몸과 마음의 균형을 잡는 것만으로도
다 써지는 시. 그건 내가 나를 키우는 심정으로 자리에서
일으킬 때에라야 알아볼 수 있는 시이기도 했다. 내가 나의
엄마가 되어주는 일. 이제 나는 분분한 잔꽃을 내연으로
두고 단정하고 밋밋한 표정 몇 개를 외현으로 둔다. 그리고

연연해 두었던 인연을 떠나보낸다. 그 인연들을 겉감이 아닌 안감으로 둔다. 나에게도 내연이 생긴 것이다.

 인연을 떠나보낸다. 비가 오지 않는데도 제멋대로 화락 펼쳐지는 장우산처럼, 내 속도 있는 대로 펼쳐지던 때가 있다. 바야흐로 사랑의 우기였다. 그럴 때에 나는 해가 쨍쨍 드는 거리에서 혼자만이 커다란 장우산을 쓰고 가듯 종종걸음으로 걷는다. 어디 구석에다가 이 거추장스러운 속마음을 버리고 싶지만 그러지 못한다. 기어코 접어지지 않는 커다란 장우산을 쓰고 내가 걸어왔던 거리를 그대로 되돌아가야 한다. 그래야 마음의 빗살을 하나하나 다시 가누고 우산을 접듯 속마음을 접어둘 수가 있다. 언제 비가 올지 모른다. 그렇기에 나는 우산을 어딘가에 기대어놓고 깜박 잊은 척 다시 길을 간다. 갑자기 비가 오는 어느 날 누군가는 내가 깜박한 우산을 쓰고 비를 피할 수 있으리라. 나는 어디든 놓고 올 수 있는 우산 하나를 장만하는 마음으로 시를 쓴다.

혼자끼리 하는 산책

 은둔하는 것, 실종되는 것, 사라지는 것, 수로 셀 수 없는 존재가 되는 상상을 해요. 소나기가 되는 상상, 무게를 이기지 못하고 통째로 화분 밖으로 떨어져버린 봉우리가 되는 상상, 사랑하는 사람을 떠나보낸 이가 울다가 지쳐 잠이 들었다가 문득 일어나 처음으로 마시는 미지근한 생수가 되는 상상. 소년이 소녀에게 건네는 우산이 되는 상상. 해와 산, 빛과 물, 공기와 숲. 나는 매순간 그것들에 빚지고 있어요. 내 이름과 존재를 빚지고 있어요.

 빛에 이끌려 걷는다. 강줄기를 따라 걷는다. 혼잣말은 나만의 혼잣말이 아니게 될 때까지. 당신은 나의 혼잣말을 빌려 말을 걸어온다. 이질적이고도 익숙한 음성. 어쩌면 벌써 죽었거나 이르게 태어날 채비를 하고 있는지도 모를 시의 목소리. 평행한 우주의 반대편에서는 나와 함께 걷고 있을 누군가의 목소리가 나를 두드린다. 그리운 목소리다. 그건 시의 목소리이자 한 번도 만나 본 적 없는 평행한 나 자신의 형상이기도 하다. 우리는 약속하지 않은 채, 하나의 몸과 하나의 목소리 속에서 만나 대화를 하고 함께 걷는다. 나는 그 순간 분열되나 세계는 처음으로 같은 점에서 만난다. 당신인가. 당신이다. 시인가. 시이다. 나인가. 나이다. 나는 가장 가까이 당신 곁에 서서 내게 말을 걸어오는 것을 알아챈다.

당신은 내가 이번에도 놓치기를 선택한 내 인연이기도 하다. 내가 썼다 지운 시의 마지막 구절이기도 하다. 드러내기보다 숨기기를 선택한 질문이기도 하다.

내가 잃어버린 문장의 말미를, 당신은 어느 날 문득 떠올린 적이 있다. 당신이 다시 떠올리려 애쓴 꿈속의 뒷모습은 나의 것이기도 하다. 그리고 우리는 서로 또 한 번 놓친다. 나는 이번에 당신이 하지 않은 말이 되어, 당신 곁에 오래 머물기로 한다. 쓰지 않은 여백으로서 당신의 시를 완성시켜보려고 한다. 그리고 나는 깨닫는다.

당신은 어느 날 내 화분의 초록빛으로 머무른 적 있군요, 나는 어느 오후 당신에게 노곤한 잠으로 찾아든 적 있습니다. 당신 혹시 내가 발을 씻을 때 나를 미끄러뜨리려고

한 비눗물의 장난기인 적 있지요? 나도 어느 봄날 당신
콧잔등을 맴돌며 간지럽히던 홀씨인 적 있습니다. 맞습니다.
나는 당신이 쓰지 않은 시입니다. 전생이자, 지금 동시에
일어나고 있는 우주입니다. 당신이 생생하게 꾸고 있는
그 우주입니다.

    그리고 나는 어떤 밤 문득 지하철을 타지 않고 청계천을
따라 걷기를 선택한다. 비와 눈이 언제 온다고 약속하고
내리지 않듯이, 사랑과 시도 어디라고 말해주지 않고
찾아든다. 내가 잠을 자고 있는지, 꿈을 꾸고 있는지, 헤매고
있는지, 그런 건 중요하지 않다. 시에게 나도 종종 겉과 속을
구분할 수 없는 존재이므로. 꿈속에서 서둘러 펜을 찾아
메모하는 일, 잠결에 일어나 순식간에 지나가는 단상을 받아
적는 일, 길을 잃고 헤매는 일. 그것이 시를 만나러 가는
길이다. 헤매기. 이미 알고 있는 길에게 짧게 인사하고 모르는
쪽으로 간다. 시는 매번 그곳에서 나를 기다리고 있다.
그리고 나는 선택해야 한다. 헤맬 것인가.

    나는 이번에 외현을 쓸 것인가. 내연을 쓸 것이다. 외현으로
두자면 이야기를 구상해야 하고, 내연으로 두자면 완전한
리듬을 포섭해야 한다.

고민하는 사이, 시는 난생 처음으로 외현이자 내연으로 다가온다. 그와 동시에 나의 혼잣말은 분열한다. 혼잣말은 더 이상 혼잣말이 아니게 된다. 혼잣말 속에 여러 화자가 드나드는 것을 견뎌야 한다. 물동이에 가득 찬 빗물. 물동이가 비가 새는 지붕을 어쩌지 못하고 빗소리를 다 받아내며 밤을 견딘다. 아주 혼자여서 또렷하게 찾아드는 목소리의 찰랑임을 본다. 그렇게 시는 나와 거의 유사한 목소리와 예감으로 함께 들어앉는다. 물결로, 빛으로, 밤으로, 달로, 다리로, 청둥오리로, 제자리걸음으로, 추위로, 어둠으로, 나무로, 아직도 얼어 있는 강의 가장자리로 온다.

오리가 어울리는 풍경

헤맴에도 규칙이 있다. 헤매는 중이라는 것을 아무에게도 들키지 말 것. 완전히 잠들지 않을 것, 언제든 일어나 도망치기에 적합한 자세를 유지할 것, 짐은 최대한 가볍게 꾸리고, 최악의 경우 버리고 도망쳐야 함을 잊지 말 것.

헤맬 때에는 내가 지금 헤매고 있다는 사실을 망각해서는 안 된다. 그것을 망각하는 경우 영영 헤맴에서 빠져나오지 못할 수 있다. 그럴 경우 분열된 채 시를 앓으며 살게 될 수 있다. 분열증을 앓으며, 영영 통합되지 못한 채 살아가야 할 수 있다.

단 한 번 해를 직면하고 영영 눈이 멀어버리는 것.
단 한 줄의 시를 쓰고 평생 실종되어 버리는 것.

마주 오는 사람의 기척이 느껴지면 일단 우회한다. 아주 최악의 경우의 수까지 생각하며 앞뒤 행인과의 거리도

조절한다. 따라붙을 시 곧장 뛰어서 도망갈 수 있을 만큼.
그렇게 걷고 걷다 보면 아무도 없고 나 혼자만이 남아 있는
순간이 온다. 그때 정말로 혼자임을 확인한 후 느티나무
앞에 선다. 유독 키가 큰 느티나무. 그 앞에 선 채로 잠깐
잠을 잔다. 넋을 놓고 풍경의 일부가 된다. 나는 지금 나이기
전에 풍경이다. 나무가 기대 서 있는 풍경, 바람이 잠시
자기를 걸쳐놓은 풍경, 어둠에 가려 달빛이 미치지 않는
풍경, 풍경이다. 모든 풍경들과 동화된다. 합주를 하듯 귀를
기울인다. 달의 리듬과 강물의 박자, 오리의 푸드덕거림과
나무의 숨소리. 그 사이에서 나는 조금도 튀지 않은 채
사뿐히 뛴다.

  풍경이 되려면 풍경들에게 허락을 구해야 한다. 풍경은
어울림이므로, 풍경은 조응이므로, 나는 홀로인 채로 자연과
독대한다. 헐벗은 나무와 함께하고, 엉켜 있는 넝쿨과 동시에
존재하고, 비뚜룸한 달빛과 협동하여 숨을 쉰다. 그 사실을
받아들이면 더 이상 어둠과 밤이 두렵지 않다. 더는 혼자가
아니므로, 혼자가 아니나 홀로이므로. 나무와 돌이 그렇듯이,
물결과 바람이 그렇듯이 모두 함께 어울려 얼었다가 녹고
죽었다가 살아난다. 나도 그와 동일한 흐름이 된다. 홀로이나
절대 혼자일 수 없는 시가 된다.

뒤꿈치를 들고 살짝살짝 뛰다가 중심을 잃고 그대로
넘어진다. 완전히 고꾸라진다. 오른쪽 무릎이 지끈거린다.
다행히 출혈은 없다. 왼쪽 정강이가 쓸려 옷깃이 스칠 때마다
쓰라리다. 피로가 몰려온다. 숨을 내쉬고, 쓰러진 동시에
곧장 일어난다. 마치 내가 쓰러질 것이라는 걸 미리 알고
있었다는 듯 다시 걷는다. 다리 밑에 가 앉는다. 다리 상태를
확인한다. 물로 모래를 씻고 잠시 넋을 놓는다. 달무리가
강에 비쳐 너울거린다. 오리 두 마리가 기슭에서 유유히
떠다닌다. 두루미가 낮게 날아간다. 오리들이 이쪽으로
떠온다. 김형영 시인의 『화살시편』을 펼친다. 「오후 3시에」
일부를 읽는다.

  그의 영혼
  나의 영혼
  어떤 차이가 있는가.

  그의 영혼의 무게
  초신성만 할지 모르는데,
  그의 영혼의 눈
  태평양만큼 눈물이 고여 있을지 모르는데,

그의 영혼의 가슴
은하수를 품고 있을지 모르는데,
꿈과 같은 꿈을
그도 꾸고 있을지 모르는데,

이 헤맴이 당신의 형상으로 오지 않았을 뿐, 당신은 도착해 있다. 오리의 형상으로, 시의 형상으로, 바람과 언 강의 형상으로. 당신을 이루고 있는 모든 것이 이미 와 나와 함께 아픈 다리를 가눈다. 그것이면 되었다. 충분하다. 공책을 펴 빠르게 메모한다. 이 낙서는 시가 될 수 있을까. 시가 되지 않아도 괜찮다. 이 통증은 오리와 잘 어울리는 풍경이므로. 돌부리와 넘어짐만큼이나 이 헤맴에 적확한 낙서이므로. 나를 이루고 있는 방랑이 꽤 조화로우므로 안심이다. 낙서가 끝나는 순간 시집이 강물에 빠진다. 내가 조금 방심한 사이 시집도 자기의 헤맴을 시작한다.

아주 크게 버린 달
조용히 완전히 한 번에 넘어지기
단걸음에 헛발질하기
시집은 강물에 빠뜨리기
지나가는 사람들, 싸이렌 소리 들릴 때 얼굴 가리기

지나가세요, 나는 당신의 안심되는 풍경이므로
마침맞게 굴다리 밑에 맨발로
달빛을 쐬는 두 짝 날개이므로
당신 눈이 휘둥그레져서 나를 보다가도
나는 어디에나 있는 깨진 달걀
한 짝뿐인 신발이므로
당신 마음 놓고 팔팔하게
지금 잠에 든다

검은 꽃, 따뜻한 물

 너울의 모양 그대로 강이 얼어 있다. 물이 밀려왔다
밀려가는 그 모양 그대로이다. 강은 얼어가면서도 제 물살의
리듬을 기억한다. 박태기나무 앞에 꼿꼿이 선 채로 숨을
들이마셨다가 뱉기를 반복한다. 이것은 꿈인 동시에 생시다.
얼어 있는 강으로, 잠시 멈춘 슬픔으로 지금 내게 밀려오는
것은 언젠가 당신이었던 적 있는 풍경들이다.

 *당신, 여전히 그렇게 추운가. 모두 봄을 맞고 있는데
당신은 어쩌자고 여전히 얼어 있는가. 얼어 있는 강물은
당신의 입술인가 거웃인가. 당신은 여자인가, 여자에 가까운
태양인가. 밤의 조도를 베낀 아침인가.*

 혼자 물결을 따라 걷는다. 추우면 조금 뛰고 피곤하면
다리 밑 구석에 쪼그려 앉는다. 뛰기에 편하게 짐을
최소화한다. 노트북, 시집 세 권, 공책 한 권, 필통,
그리고 검고 가벼운 화분이 있다. 놓고 갈 수 있는 것이

없다. 하지만 짐을 줄여야 한다. 파울 첼란 시집과 검은 화분을 벤치에 놓고 다시 뛴다. 뛰는 것에도 요령이 있다. 앞으로 나아간다는 느낌으로 뛰면 안 된다. 뒤꿈치를 들고 제자리걸음을 한다는 느낌으로 뛰어야 한다. 뛰어도 제자리인 듯, 거기서 거기인 듯, 내가 나를 속일 수 있는 속도로만 앞으로 나아간다.

  춥다. 뛴다. 숨이 차다. 발바닥에 피로가 뭉근하게 퍼져나간다. 다리 밑에 앉는다. 다리 밑에 앉으면 조명 빛이 비추어 물살의 일렁임이 훤히 보인다. 눈을 떴다가 감는다. 돌다리 사이사이 빠져나가는 물살. 물살. 물결과 물살. 처음으로 물이 내게 말을 걸어온다.

  — 홀로가 되었는가
  — 홀로가 되었다
  — 물살이 되었는가
  — 물살이 되었다
  — 밤이 되었는가
  — 밤이 되었다

박태기나무 가지가 흔들린다. 바람이 불어온다. 나는
홀로인 동시에 함께가 된다. 홀로인 모든 것과 내통한다.
당신이 홀로인 모든 것의 형상으로 지금 이곳에 다다른다.
물살로서 곧장 뛰어온다. 나를 두드린다. 나는 분명히
느낀다. 물살을 통해, 바람을 통해, 아무도 몰래 이곳에
와 있는 당신을. 당신과 다신 없을 산책을 한다. 당신 역시
홀로이므로, 굳이 말을 뱉지 않아도 된다. 당신이
저 물살임을 증명하지 않아도 된다. 들린다. 당신이. 그리고
나도 당신의 풍경 중 하나로 당신에게 다다른다. 검은
꽃으로, 혹은 따뜻한 물로. 당신 완전히 죽어 본 적 있는가?
나는 완전히 깨어서 꿈을 꾼다. 당신과 함께 밤 산책을 하는
꿈을. 아주 오래 길을 헤매는 꿈, 온전히 생시가 되어서 온
당신의 외현을 낱낱이 알아차린다.

내연

나의 어귀가 되어주세요
당신의 땅거미가 되어드릴게요

 우리는 서로의 내연이 된다. 고요가 물결의 내연이듯이, 발자국이 첫눈의 내연이듯이, 음악이 술의 내연이듯이. 꿈이 시의 내연이듯이. 빛이 밤의 내연이듯이. 나는 단 한 번 정확하게 실종됨으로써 사랑의 내연이 된다. 갈피를 찾을 수 없는 길 위에서. 나는 당신을 호명한다. 검은 꽃. 검은 꽃. 당신이 대답한다. 따뜻한 물. 따뜻한 물. 당신은 온갖 풍경을 일으켜 응답한다. 음성을 제외한 모든 감각으로 다가온다.

속사귐

종이학을 접는다
한 마리 더 접는다
흰 종이 위에 띄운다
내가 보지 않는 사이
종이학은 종이학끼리 떠든다

비뚜룸한 날개
나만 모르게 잠깐씩 난다

 시편이 적힌 공책을 찢어 학과 장미를 접는다. 종이학과
장미의 안감이 시라는 걸 나조차 까먹게 되는 순간, 그제야
시가 종이학과 장미의 속마음이 된다. 그 종이학과 종이
장미를 발견한 사람은 종이를 펼쳐볼지 말지 선택할 수 있다.
한 번 펼쳐 보면 다신 학과 장미로 접지 못한다. 당신 역시
그렇다. 시로 써 버리고 난 이후의 당신을 나는 가눌 수 없어
휘청인다. 나는 당신에 대해서는 단 한 줄도 쓰지 못한다.

다만 당신과 닮은 물결에 대해서만 쓴다. 어느 곳에서는 아주 고요히 달의 반사판으로 머물다가, 징검다리에 가로막힌 구간에서는 거세어지는 당신의 결, 빛을 반사해 물결을 비춰준다. 그 덕에 이 헤맴이 배로 환하다. 이 헤맴을 비추어 내느라 강은 얼마나 제 배면을 갈고 닦는가. 봄이 왔음에도 여전히 꽝꽝 얼어 있는 가장자리.

저 끝에서 시선이 느껴진다. 너구리 세 마리가 멈추어 서서 나를 바라보고 있다. 고개를 조금 숙이고 시선을 피한 채 기다린다. 지나가세요. 나는 당신들을 감히 침범하지 않습니다. 너구리 한 마리가 저쪽 풀숲으로 먼저 간다. 뒤이어 다른 너구리들이 지나간다. 예. 우리도 그렇습니다. 풀숲이 잠깐 흔들린다.

외현

나는 왜 잠기지 않는가
왜 당신의 문은 어째서
내 쪽으로 완전히 당겨야만 열리는가

유리창은 속을 환히 비추어 낸다
비추어 내며 아주 살짝 왜곡한다
최대한 대충 전념한다

살아 있는 꽃에게는
정수되지 않은 빗물이 필요하고
완전히 죽은 것처럼 보이는 줄기
그 옆에서 새싹이 돋는다

 이 초록은 어느 봄에 당신에게 닿을 것인가. 시로 닿을
것인가. 그렇지 않다면 미래의 당신 아이의 울음소리로, 혹은
당신이 키우는 반려 식물의 새싹으로 닿을 것인가. 어쩌면

지나치는 아이들의 무람한 발자국으로, 당신이 즐겨듣는 노래의 흥얼거림으로 닿을 수 있다. 그것이면 되었다. 꼭 시가 아니어도 된다. 꼭 내가 아니어도 된다. 꼭 이번이 아니어도 된다. 없음이 되는 것. 여백이 되는 것. 기억나지 않는 꿈이 되는 것. 그것이면 되었다. 식물이 공중을 배회하며 줄기를 내뻗듯이 당신도 당신의 헤맴을 완성하고 있음을 안다. 나도 없음으로 당신에게 대답한다. 당신은 당신의 느낌으로 나를 알아차린다. 어느 오후의 하품. 작은 두근거림. 이유를 알 수 없이 기우는 달. 시는 한 번도 마주친 적 없는 우리가 함께하는 방식이므로. 허공에 홀씨가 분분하다. 보지 않아도 훤히 느껴진다. 당신의 헤맴은 퍽 따뜻하고 환하다. 나의 시는 그곳에 머무른다. 헤매기를 선택한 당신의 곁이다.

이것은 꿈인 동시에 생시
초판 1쇄 발행 2025년 8월 12일

지은이 강우근 여세실 조온윤 차유오 차현준

펴낸이   김규열
편집   김규열
디자인   김규열
펴낸곳   출판사 결
등록   2022년 5월 17일 제2024-000068호
이메일   gyeolpress@gmail.com | 인스타그램 @gyeolpress
ISBN   979-11-992356-1-8 03810

* 이 책의 판권은 지은이와 출판사 결에 있습니다.
* 저작권법에 의해 보호를 받는 저작물이므로 무단 전재 및 복제를 금합니다.